Glück
braucht Mut

freundin
—— RATGEBER ——

Glück
braucht Mut

Die Psycho-Logik des Jens Corssen

Dargestellt von Barbara Schmidt

In Kooperation mit freundin sind unter anderem erschienen:

Crash-Kurs Liebe (1225)	Typ und Frisur (4695)
So finde ich den richtigen Beruf (1175)	Computerbuch für Frauen (4372)
Die richtige Bewerbung (1210)	Schnelle Küche (4718)
Neu im Job (1259)	Snacks (4521)
Frauen allein auf Reisen (1260)	Body-Fitness (4758)
Frau mit Kind (1476)	Farbberatung f. d. Wohnung (4743)
Kind und Beruf (1322)	Farbberatung (4520)
Mobbing (1434)	Hochzeit feiern (4702)
Die faire Trennung (1477)	Das perfekte Make-up (4727)
Originelle Geschenke (4547)	

Zitat Seite 5: Tom Robbins »Buntspecht – So was wie eine Liebesgeschichte«, panther 5148, © 1983
Abdruck mit freundlicher Genehmigung des Rowohlt-Verlages, Hamburg

ISBN 3 8068 1176 8

© 1991/1994 by Falken-Verlag GmbH, 65527 Niedernhausen/Ts.

Herausgeber: Eberhard Henschel, Chefredaktion freundin.
Redaktion: Edda Küffner
Zeichnungen: Bengt Fosshag, Frankfurt
Titelbild: Michael Leis

Die Ratschläge in diesem Buch sind von der Autorin und vom Verlag sorgfältig erwogen und geprüft, dennoch kann eine Garantie nicht übernommen werden. Eine Haftung der Autorin bzw. des Verlags und seiner Beauftragten für Personen-, Sach- und Vermögensschäden ist ausgeschlossen.

Satz: Verlagsservice FROMM GmbH, Idstein
Druck: Sebald Sachsendruck, Plauen

817 2635 4453

*»Was die Menschen
einschränkt, ist,
daß sie nicht den
verdammten Mut
oder die Phantasie
haben, als Star
in ihrem eigenen Film
aufzutreten,
geschweige denn
Regie zu führen.«*

Bernard Mickey Wrangle,
der Outlaw, in »Buntspecht –
So was wie eine Liebesgeschichte«
von Tom Robbins

INHALT

Holen Sie sich die Sterne vom Himmel!

Wenn mir vor ein paar Jahren jemand gesagt hätte, ich könne mir die Sterne vom Himmel holen, wenn ich nur wolle, ich hätte ihn mit Sicherheit für verrückt erklärt. Höchstens heillos romantisch veranlagte Naturen und unverbesserliche Spinner glauben an das große Glück, die ewige Liebe, den Durchbruch zum Weltruhm, oder was auch immer der Stern am Himmel sein mag.

Ein vernünftiger Erwachsener hat mehr Realitätssinn. Der weiß zum Beispiel, daß eine Liebesbeziehung im Schnitt nicht länger als vier Jahre dauert. Wozu also erst heiraten, wenn nach ein paar Jahren – statistisch gesehen – sowieso der Ofen aus ist? Ein vernünftiger Mensch träumt auch nicht von einer großen Karriere als Schauspieler. Der weiß, daß die meisten Schauspieler arbeitslos sind und als Bedienung oder Taxifahrer jobben, um ihren knappen Lebensunterhalt zu verdienen. Also warum erst die Mühen einer Schauspielausbildung auf sich nehmen? Den Frust kann man sich ersparen. Das hört sich doch ganz vernünftig an, oder? Vielleicht ein bißchen pessimistisch. Aber schließlich verhindert ein gewisser Pessimismus auch Enttäuschungen. Man kann nur noch positiv überrascht werden und fällt bestimmt nicht auf die Nase. Daß auch sonst nicht mehr viel passiert, muß man allerdings in Kauf nehmen.

Ich jedenfalls habe auf positive Überraschungen viel zu lange gewartet. Nein, so naiv war ich nicht, daß ich nicht gewußt hätte, es lag auch irgendwie an mir, wenn das Schicksal mit mir Pingpong spielte. Trotzdem hat mich ständig die Frage gebeutelt: Warum bekommen andere anscheinend so mühelos Dinge, die ich noch nicht einmal durch harte Kämpfe erreichen konnte?

Als langjährige Schreiberin von sogenannten »Ratgebern« in der Zeitschrift »freundin« war ich doch theoretisch für jeden Eventualfall des Lebens gerüstet: Manchen Männern darf man eben nicht zu nah auf die Pelle rücken. Also habe ich nicht angerufen, sondern wie ein hypnotisiertes Kaninchen auf das Telefon gestarrt. Was konnte ich dafür, daß ich mich an solchen Abenden garantiert niemals bei einer noch so spritzigen Kinokomödie amüsiert hätte oder daß mein Frust spätestens beim nächsten Treffen mit dem jeweiligen Objekt meiner Begierde herauskam – und zwar meist in den unpassendsten Momenten? Es führte mich immer wieder aufs neue in den altbekannten Teufelskreis: Je weniger es ihm Spaß machte, mit mir zusammenzusein, um so weniger rief er an, um so frustrierter wurde ich, um so weniger gelang es mir, meinen Frust zu verheimlichen, um so weniger gefiel es ihm ... usw. Die Trennung war vorprogrammiert.

Diese verqueren Beziehungen mußten doch irgend etwas mit meiner verkorksten Psyche zu tun haben, glaubte ich, und suchte professionelle Hilfe. Das Lesen von Psycho-Literatur hatte mir nämlich bis dahin auch nicht weitergeholfen. Wie hätte ich mir sicher sein können, welche der zahlreichen möglichen Ursachen für nicht funktionierende Beziehungen auch auf mich zutraf? Vielleicht war ich bloß eine perfekte Verdrängungskünstlerin, die einfach keinen Zugang mehr hatte zu den Ursachen ihres Seelenunheils? Ob vielleicht die saftige Ohrfeige meines Vaters, die ich mir als Vierjährige einfing, als ich ein angekautes Kaugummi von der Straße aufhob und weiterkaute, schuld war an meinen Problemen? Ein Profi würde das schon herausfinden!

Einige Jahre meines Lebens verbrachte ich damit, in meiner durchschnittlichen Kindheit nach verborgenen Traumata zu forschen. Als ich dort nicht fündig wurde, wandte ich mich an die Astrologie. Die fand sofort mehrere Bösewichter: eine Mond-Pluto-Konjunktion mit Saturn-Quadrat! Wäre ich nur ein paar Minuten früher oder später geboren worden, so hätte ich meinem Schicksal entgehen können. Aber so – chancenlos! Nein, es ließ sich nichts mehr rückgängig machen: Nicht die Ohrfeige, nicht die Geburtszeit, einfach gar nichts. Keine Erkenntnis, die mich seelisch aufgebaut hätte.

Irgendwann hatte ich so die Nase voll von Psychotherapien, Wochenendseminaren und Workshops, daß sich mir allein beim Hören des Wortes »Psychologie« fast der Magen umdrehte. Psychotherapeuten waren für mich fortan Menschen, die gern anderen zuhören, denen es noch schlechter geht als ihnen selbst, damit sie sich vergleichsweise besser fühlen.

Ich beschloß, weniger für meine Seele, sondern mehr für meinen Körper zu tun. Dieser Zeitvertreib erschien mit vielversprechender. Und tatsächlich: Nach ein paar Wochen konnte ich die ersten Erfolge beim Bodybuilding verbuchen. Meine dürren Storchenbeine formten sich, der Po saß wieder da, wo er hingehörte. So stellte ich zum erstenmal in meinem Leben fest, daß ich gar nicht so unsportlich war, wie ich dachte. Wenn ich so weitermachte, würde ich tatsächlich über kurz oder lang meine Traumfigur bekommen!

Für eine Frau, die nicht gerade vor Selbstbewußtsein strotzte, was ihr Aussehen betraf, die sich als Teenager viel zu lang fand, mit zwanzig die Hoffnung aufgegeben hatte, daß aus ihren »Nußtörtchen« noch einmal ein richtiger Busen werden würde, und deren spindeldürre Waden und spitze Knie nur in langen Hosen zu ertragen waren, schien die Vorstellung, ihre Traumfigur zu bekommen, tatsächlich wie ein Stern am Himmel. Und den wollte ich nun haben!

. . . .

Wenn es weh tut: weitermachen!

Ein Bodybuilder-Freund nahm mich unter seine Fittiche und sagte mir, worauf es beim Training ankommt. Die wichtigste Lektion: Wiederhole eine Übung so lange, bis der Muskel richtig weh tut, bis du aufhören möchtest. Und dann setze noch zwei bis drei Wiederholungen drauf! Du schaffst es! Solange die Schmerzschwelle nicht überschritten ist, verändert sich der Muskel nicht. Warum sollte er auch? Für die Belastungen, die man relativ mühelos schafft, ist er gebaut. Wer mehr will, muß dem Muskel beibringen, daß er jetzt für mehr gebraucht wird. Und das geht nur über Schmerzen. Wer immer nur soviel tut, wie es seiner momentanen Leistungsstärke entspricht, der bekommt kein festeres Gewebe und keine straffere Muskulatur. Der hält höchstens den Status quo und schlafft nicht noch mehr ab.

Mittlerweile glaube ich, daß dieses Prinzip für fast alles gilt: Vom Sprachenlernen bis zum Erfolg im Beruf, von der »Beziehungsarbeit« bis hin zur ganz persönlichen Weiterentwicklung.

Diese Trainingserfahrung jedenfalls gab mir einen Kick auch für ganz andere Bereiche. Wenn es ein reines Vorurteil gewesen war, daß ich unsportlich bin, vielleicht waren einige andere Vorstellungen, die ich von mir hatte, auch nur Einbildung?

Bis zu dieser Zeit hatte ich zum Beispiel auch geglaubt, ich würde mich nur in einer »schönen« Wohngegend wohl fühlen können. Für meine

Wohnung in einem Münchener Nobelvorort nahm ich in Kauf, jeden Tag bis zu zwei Stunden im Auto zu verbringen, sehr selten Besuch zu bekommen und ständig mit irgendwelchen Nachbarn Ärger zu haben, die sich über meine unkonventionelle Lebensweise aufregten (Unkraut auf der Dachterrasse sprießen zu lassen).

Heute weiß ich, daß ich damals keine Ahnung hatte, was mir wirklich guttut. Ich lebe seit zwei Jahren genau dort, wo es in München am meisten »wuselt«, wie die Bayern sagen, wo am meisten los ist – mitten in Schwabing. Wie ich es schon vorher vermutet hatte, vergeht kaum ein Tag, an dem nicht irgendeiner meiner Freunde spontan an der Tür klingelt – und ich freue mich (meist) darüber. Ich fühle mich in dieser Wohnung so wohl wie noch nie. Sie ist laut, hat nur einen kleinen Balkon, und meine Mutter, die mich ein paarmal im Jahr für einige Tage besucht, bedauert meinen Umzug immer noch. Das Haus, in dem ich früher wohnte, war eben repräsentativer, die Adresse schicker. Meine Vorstellung von angenehmem Wohnen war schlicht von dem geprägt gewesen, was andere für erstrebenswert hielten. Sich von solch falschen Annahmen über sich selbst zu befreien macht ein Stück glücklicher.

. . . .

Noch ein Psycho-Buch???

Irgendwann habe ich Jens Corssen auf einer Party über meine Bodybuilding-Euphorie erzählt und wie so ein simpler Sport viel mehr in mir verändert hat als jede Psychotherapie. Vielleicht wollte ich ihn, den Psychotherapeuten, ein bißchen provozieren.

»Im Grunde sage ich den Leuten in meiner Therapie nichts anderes, als du es beim Training erlebst«, meinte er. Eine typische Psychologenantwort. Den anderen auflaufen lassen, indem man ihm recht gibt! Trotzdem nahm ich sein Angebot an, demnächst eines seiner Seminare zu besuchen. Das allerletzte, das hatte ich mir geschworen.

Im Seminar stellte ich dann fest, daß sich vieles, was Jens Corssen sagte, wirklich mit meinen Erfahrungen vom Bodybuilding deckte. Auch deshalb schockierten mich viele der typischen Corssensprüche nicht so sehr wie die meisten anderen Teilnehmer. Wer manche These zum erstenmal hört, den kann sie tatsächlich aus der Fassung bringen. Oder wie würden Sie auf Sätze reagieren wie: Jeder lebt so, wie er will. Alles andere ist ihm zu teuer. Oder: Glück ist eine Überwindungsprämie. Und: Verstehen ist der Trostpreis im Leben. Oder: Es ist nicht die Situation, die einen traurig (ärgerlich oder wie auch immer) macht. Erst die Art und Weise, wie man eine Situation betrachtet, erzeugt das Gefühl.

Bei vielen Teilnehmern des Seminars erregten diese Botschaften erst einmal Widerspruch. Doch irgendwann im Laufe der zwei Tage fiel bei den meisten der Groschen. Sie fühlten sich merkwürdig befreit. Kritische Leser wissen, daß so eine Euphorie nichts Ungewöhnliches ist. Das Zusammensein an einem Wochenende, die relativ schnelle Nähe zu vorher Fremden, das Gefühl, in einem Boot zu sitzen, all das führt in fast jedem Seminar zu einem Hochgefühl.

Wie wertvoll eine solche Veranstaltung war, merkt man erst später: Nämlich, wenn man in der nächsten Zeit nicht wieder beinahe automatisch in ein Tief hineinrutscht. Wenn die Botschaften weiterwirken und einem tatsächlich helfen, den Alltag besser und gutgelaunt zu bewältigen. Vor allem, wenn sie einem auch ein Rüstzeug an die Hand geben, sollte es einmal wieder ganz hart kommen.

Viele Menschen bewegen sich viel zu lange in einem Teufelskreis, aus dem sie nie herauskommen (meinen sie). Doch wenn sie ihn aus einem anderen Blickwinkel betrachten, so ist das schon die halbe Lösung des Problems – oft auch die ganze. Dabei ist die Art und Weise, wie Jens Corssen die Welt sieht, gar nicht brandneu. Manches hatte ich schon vorher in den Werken von Sprachphilosophen gelesen, einiges war mir aus dem EST-Training bekannt, einer aus Kalifornien stammenden Bewegung. Andere Teilnehmer fühlten sich an buddhistische Weisheiten erinnert.

Doch die Einsicht in einzelne »Wahrheiten« ist noch nicht der Schlüssel zum Glück. Was hat Ihnen zum Beispiel die Allerwelts-Weisheit »Jeder ist seines Glückes Schmied« bisher gebracht? Wahrscheinlich nicht viel. Es kommt darauf an, sich ein ganzes Denksystem neu zu erschaffen, wenn man aus seinem Teufelskreis heraus will. Erst mit einem veränderten Blick auf die Dinge kann man von der Rolle des Statisten in seinem Leben zu der des Stars und sogar des Regisseurs wechseln. Und wer will das nicht?

Ich bekam Lust darauf, dieses Denksystem zu beschreiben, das eigentlich nichts anderes ist als eine Art Bodybuilding für die Seele, und bat Jens Corssen um seine Unterstützung.

»Noch ein Psycho-Buch?« stöhnte er und sprach damit sicher vielen aus der Seele. Aber letztendlich ließ er sich doch überreden.

Zugegeben: Der Buchmarkt ist übersät mit Titeln, die einem Ratschläge für jede Lebenslage versprechen – manche klug, manche weniger klug. Vielleicht werden Sie von diesem Buch enttäuscht sein, weil es Ihnen kaum Ratschläge gibt. Sie verlieben sich immer in die falschen Männer? Ihre Vorgesetzten befördern Kollegen, die viel weniger können als Sie? Ehrlich gesagt, wir wissen auch nicht, was Sie da tun sollen. Weil wir nicht ahnen können, wo Sie eigentlich hinwollen. Wie soll man jemandem etwas raten, dessen Ziele man gar nicht kennt. Und außerdem würden Sie Ratschläge ja doch nicht befolgen. Erinnern Sie sich daran, wie Ihre Freundin Ihnen damals gesagt hat, der Typ sei nichts für Sie? Und: Haben Sie auf sie gehört? Nein! – Ihre Freundin hatte leicht reden. Die war auch nicht verliebt. Oder wie Jens Corssen sagen würde: »Jeder tut in jedem Moment seines Lebens das für ihn einzig Richtige.« Auch Sie. Wenn Sie das im Moment nicht auf Anhieb schlucken: macht nichts! Daß trotzdem auf dem Buchumschlag das Wort »Ratgeber« steht, sollte Sie nicht stören. Schließlich ist es durchaus ein Rat, jemandem zu sagen, daß allgemeine Ratschläge nicht viel nutzen. Statt dessen finden Sie konkrete Tips, damit die Leiter nicht zu sehr wackelt, wenn Sie sich nach der Lektüre dazu entschließen, daß Sie sich tatsächlich einen Stern vom Himmel holen wollen.

Ihr Leben wird sich verändern!

Es könnte aber auch genausogut passieren, daß Sie gar keine Sterne wollen. Das stört niemanden. Der Zweck dieses Buches wird sich auf jeden Fall erfüllen: *Sie werden selbst-bewußter. Sie werden gar nicht anders können. Und dadurch wird sich Ihr Leben automatisch verändern.* Daher möchten wir Sie an dieser Stelle warnen. Wir versprechen Ihnen jedoch, daß wir nicht mit faulen Tricks arbeiten, Sie also zum Beispiel nicht gegen Ihren Willen hypnotisieren. Wir haben auch keine geheimnisvollen unterschwelligen Botschaften in den Text geschmuggelt. Sie haben immer die Möglichkeit, das Buch in die Ecke zu werfen oder ungelesen weiterzuverschenken. Nur das würde Sie davor bewahren, daß sich Ihr Leben ändert, positiv ändert.

Einen Haken allerdings hat die Sache: Ein bißchen was müßten Sie für diese Veränderungen auch aufgeben. Ganz umsonst gibt es gar nichts auf dieser Welt. Sie werden sehen, daß jede Lebensstrategie auch ihre Vorteile hat, selbst die Verliererstrategie.

Bevor wir Ihnen aber sagen, welche Kosten (zum Beispiel Depression, Krankheit, Unglück oder irgendeinen anderen Horror) eine bestimmte Strategie hat, klären wir Sie erst einmal auf, welcher Nutzen sich aus ihr ziehen läßt. Nach der Kosten-Nutzen-Analyse können Sie entscheiden, ob Sie bei Ihrer Strategie bleiben wollen oder lieber nicht. Wenn Sie dabei bleiben, erkennen Sie dann wenigstens, warum. Und Sie wissen auch, daß Sie viel raffinierter sind, als Sie sich selbst eingeschätzt haben.

Und noch etwas – damit Sie nicht zuviel erwarten: Das Leben ist schwierig! Wir werden also einen Teufel tun und Ihnen garantieren, daß alles viel einfacher für Sie wird, wenn Sie erst einmal das Buch gelesen haben. Denn mit Ihren Schadenersatzklagen möchten wir uns nicht herumschlagen müssen. Wahrscheinlich wird Ihr Leben nach diesem Buch sogar noch ein kleines bißchen schwieriger!

Also überlegen Sie gut. Noch haben Sie die Chance, dieses relativ unberührte Druckwerk, das Sie gerade in Ihren Händen halten, ins Regal zurückzustellen und sich in der Esoterik-Abteilung nach etwas wirklich Erbaulichem umzuschauen. Oder es (falls Sie dieses Buch schon gekauft haben) zu all dem anderen Plunder zu legen, den Sie in nächster Zeit weiterverschenken können.

Nun haben Sie so viel erfahren, was Sie von »Mut zum Glück« nicht erwarten dürfen, daß es jetzt an der Zeit ist, Ihnen endlich zu sagen, worum es in diesem Buch eigentlich geht: eigentlich nur darum, wie Sie vom Opfer zum Macher werden, vom mickrigen kleinen Statisten in Ihrem Leben zum absoluten Superstar und Regisseur. Wir wissen, daß Sie das können. Sie müssen sich nur dazu überwinden (wenn Sie wollen). Denn: *Glück ist eine Überwindungsprämie!* Aber, wie Tom Robbins im »Buntspecht« sagte: »Den meisten fehlen der Mut und die Phantasie dazu.«

Unser Buch ist nicht mehr als eine ziemlich vernünftige Anleitung zum erfolgreichen Spinnen. Aber auch nicht weniger.

Viel Mut zum Glück wünscht Ihnen

Barbara Schmidt

Verstehen ist der Trostpreis im Leben!

Es gibt eine besonders abstoßende und entmutigend weit verbreitete Krankheit, die sogenannte *Tunnelvision*, die auf Grund all des Elends, das sie verursacht, die Kandidatenliste der Weltgesundheitsbehörde anführen sollte. Die Tunnelvision ist eine Krankheit, bei der die Wahrnehmung durch Unwissenheit eingeschränkt und durch Eigeninteressen verzerrt wird.« (Tom Robbins, »Buntspecht«)

Ob man selbst trotz durchschnittlicher oder gar überdurchschnittlicher Intelligenz (die übrigens die meisten Menschen für sich beanspruchen, so daß der Durchschnitt eigentlich viel höher liegen müßte – aber das nur am Rande). Also: Ob man selbst an der Tunnelvision leidet, die Welt also nur durch die Röhre seiner Vorurteile sieht, läßt sich mit einem simplen Test diagnostizieren. Damit Sie gleich nicht allzu frustriert sind, eins zum Trost vorweg: Die meisten sind von diesem Virus befallen. Auch die Autorin dieses Buches gesteht, daß Sie beim ersten Mal die folgende Aufgabe *nicht* bewältigt hat, auch wenn sie ab und zu etwas anderes behauptet, um nicht ganz so dumm dazustehen.

Also nun die kleine Aufgabe: Verbinden Sie die neun Punkte (siehe Abbildung auf Seite 18) mit vier geraden Linien, ohne dabei auch nur einmal den Stift abzusetzen. Ich empfehle Ihnen übrigens, daß Sie sich ein großes Blatt Papier nehmen – für Ihre Fehlversuche. Und noch ein Tip: Überfordern Sie sich nicht, aber probieren Sie mindestens zehn Minuten lang herum, bevor Sie entnervt aufgeben. Frühestens danach sollten Sie die Lösung (Seite 34) nachschlagen. Sie dürfen es zwar auch schon eher, doch bringen Sie sich dadurch um die Erkenntnis, ob der Virus, der zur Tunnelvision führt, Sie schon ereilt hat oder nicht.

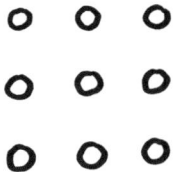

Der Tunnelvisions-Test

Bevor Sie völlig verzweifeln: Schlagen Sie die Auflösung des Rätsels nach! – Das hätten Sie nicht gedacht, was? Merken Sie etwas? Sie sind klammheimlich davon ausgegangen, daß Sie nicht über die neun Punkte mit Ihren Strichen hinausgehen dürfen. Kein Mensch hat Ihnen das verboten! Sie haben sich automatisch Grenzen gesetzt, wo gar keine waren.

Es ist mehr als wahrscheinlich, daß Sie auch sonst Hindernisse sehen, wo gar keine sind. Oder daß Sie ohne ausdrückliche Erlaubnis nichts tun, weil sie meinen, es sei verboten. Wie Sie gesehen haben, hilft einem eine solche falsche Annahme nicht weiter, wenn es schwierig wird. Bei kleineren Problemen, zum Beispiel neun Punkte mit fünf geraden Linien zu verbinden, hätte kein Mensch gemerkt, ob Sie beschränkt denken oder nicht.

Solche Beschränkungen haben allerdings auch ihr Gutes. Ohne sie wäre das Leben unendlich viel komplizierter. Zu wissen, daß Männer mit Perlonsocken Spießer sind, erspart einem zum Beispiel viel Zeit bei der Partnersuche, in nicht wenigen Fällen jedoch auch einen Partner. (Je feiner der Filter unserer Vorurteile, um so größer die Gefahr, daß kein lebendiger Mensch durch die Filterporen durchrutscht.) Angeeignet haben wir uns solche Beschränkungen in der Zeit, als wir am meisten in unserem Leben gelernt haben: in unserer Kindheit. Vielleicht nicht gerade die Ansicht über Männer mit Perlonsocken, aber vieles andere, was uns heute noch bestimmt.

Versetzen Sie sich einmal in die Zeit zurück, an die Sie sich noch bewußt erinnern können: Was war für Sie als kleines Kind wichtig? Genausoviel fernsehen zu dürfen wie Ihre Spielkameraden, möglichst so angezogen zu sein wie alle anderen auch, um sich ja nicht ausgeschlossen zu fühlen? Was es auch war: Es lief immer auf das Eine hinaus – Anerkennung, Liebe, Zuwendung.

Je kleiner ein Kind ist, um so lebensnotwendiger braucht es Liebe und Fürsorge. Schließlich wird keine Spezies so lebensuntüchtig geboren wie der Mensch. Denn ohne Liebe und Geborgenheit, ohne daß sich jemand um uns kümmert, würden wir buchstäblich schon in unseren ersten Lebenstagen elend umkommen. Erst die Liebe der Eltern (oder einer anderen Bezugsperson) gibt uns Sicherheit. Bereits zu Beginn unseres Lebens stellen wir die Gleichung auf: Liebe = Sicherheit = Überleben. Aus Unsicherheit, ob Mama je wieder zurückkommt, brüllen wir im zartesten Alter die gesamte Nachbarschaft an den Rand eines Nervenzusammenbruchs, wenn Mama das Kinderzimmer verläßt. Irgendwann kapieren wir dann, daß sie wieder zurückkehren wird, und schreien ein bißchen weniger. Doch damit begehen wir zugleich unseren ersten Generalfehler: Die Erfahrung, daß Mama immer wieder zurückkommt, erheben wir zum Gesetz: Was immer so war, wird auch immer wieder so sein, meinen wir.

Auch wenn wir die folgende Aussage als Beleidigung empfinden und sie nur ungern schlucken, so stimmt sie dennoch: Ratten sind in diesem Punkt lernfähiger als Menschen. Ist eine Ratte zum Beispiel darauf gedrillt, daß in einem Labyrinth der Käse immer in der siebten Kammer liegt, er eines Tages jedoch in einer anderen versteckt ist, so sucht zwar auch die Ratte zunächst ein paarmal erfolglos in der siebten Kammer. Aber über kurz oder lang probiert sie es auch in den anderen. Wir Menschen dagegen suchen unseren Käse mit Vorliebe da, wo wir ihn bestimmt nie finden: Die große Liebe beim notorischen Frauenheld, die Gewichtsreduktion bei der Wundermethode (»Ganz ohne Diät«) und die glückliche Zukunft beim Wahrsager. Der Mensch neigt dazu, sich an dem zu orientieren, was sein sollte und wie er es gern hätte, und nicht an dem, was ist.

Was nicht sein darf, kann nicht sein, heißt die Maxime. Ein Irrtum, der unser ganzes Leben durchziehen kann, wenn wir nicht aufpassen. Nicht nur Kinder, diese kleinen Sicherheitsfanatiker, beschweren sich, wenn ihnen das Märchen XY einmal mit einer kleinen Abweichung vom bekannten Text erzählt wird. Selbst als vom Leben gebeutelte Erwachsene glauben wir noch, daß der Mann, der uns heute sagt, er werde uns für immer lieben, es morgen wiederholen und vor allem auch tun wird. Sobald uns diese schöne Sicherheit genommen wird, meinen wir, »den Boden unter den Füßen zu verlieren«, eine Situation, die uns zum Brüllen bringt, im doppelten Sinn des Wortes: Wir schreien ihn an (meist) und heulen uns die Augen aus dem Kopf. Und die Nachbarschaft hört wieder einmal alles mit. Das ist uns jedoch genauso gleichgültig wie seinerzeit als Kind.

Wir brüllen, weil wir einmal wieder völlig im sogenannten Ohnmachts-Speicher stecken. Dort haben wir eine Menge alter Schallplatten gesammelt: Oldies, aber keine Goldies. Sie tragen Titel wie »I can't live without you« oder »I am nothing without your love«. – Damals, als wir Mama und Papa tatsächlich noch so notwendig brauchten, hatten all diese Platten ihre Daseinsberechtigung.

Verlassen oder nicht geliebt zu werden ist – wie gesagt – für ein Kind wirklich lebensbedrohlich. Dieses frühe Erfahrungsprogramm behalten wir oft besser als jede mathematische Formel oder französische Vokabel, die uns später eingepaukt wurde. Es ist unser angeborenes Überlebensprogramm, aber leider auch eines, das auf dem Weg zum Glück ein Hindernis sein kann. Jedesmal wenn wir in eine neue Situation kommen, die der alten »Mich-liebt-keiner-also-bin-ich-verloren-Platte« ähnelt, werden dieselben Gefühle in uns ausgelöst: Wir geraten in panische Angst, in Todesangst und sind wieder einmal in unseren Ohnmachts-Speicher eingetaucht.

Um nicht mehr so oft in den Ohnmachts-Speicher zu geraten, ist es wichtig, ein paar neue Platten zum Thema »Eigenmacht« abzuspeichern. Wie das funktioniert, darum geht es in diesem Buch.

Wir befinden uns zwar längst nicht mehr in der Situation des Kindes, doch wir sind konditioniert wie der Pawlowsche Hund. Sie wissen, das war jener Hund, der sein Fressen immer mit einem Klingelzeichen serviert bekam und später allein beim Klingelzeichen schon deutliche Anzeichen eines regen Appetits zeigte – auch wenn weit und breit kein Fressen zu sehen oder zu schnuppern war.

Daß eine Situation in unserem Erwachsenenleben eine Kindheits-Platte auslöst, liegt an der Ähnlichkeit vieler Ereignisse. Einmal darauf getrimmt, daß Verlassenwerden tödlich sein kann, reagieren wir oft lebenslang mit panischer Angst, wenn sich ein Mann aus dem Staub machen will. Das »Verlassenwerden« ist jedoch nichts anderes, als es die Klingel für den Pawlowschen Hund war. Auch ohne Bedrohung unseres Lebens haben wir manchmal eine Todesangst. Auch ohne Futter wurde dem Hund die Schnauze wässrig.

Rein biologisch reagieren wir auf sehr viele Situationen in unserem Leben nicht anders als der Pawlowsche Hund: ein Reiz, ein Reflex. Wie stark dieser Reiz sein muß, damit das vollständige Ohnmachts-Programm abgespielt wird, ist von Person zu Person verschieden. Manche brechen schon bei der kleinsten Kritik in Tränen aus und fühlen sich den Aggressionen ihrer Mitmenschen hilflos ausgesetzt, wenn einer mal nicht ganz so freundlich wie sonst »Guten Tag« gesagt hat. Andere sind von Natur aus robuster und fühlen sich erst dann ohnmächtig, wenn sie aus ihrem Job fliegen, vom Partner verlassen werden oder schwer krank werden. Aber irgendwann ist fast jeder einmal dran: Er fühlt sich hilflos und klein wie ein Baby.

....

Schmerz? Ja, sofort!

Im Normalfall ist das der Moment, in dem man sich zu fragen beginnt: Warum, wieso und weshalb gerade ich? Und ehe man sich's versieht, ist man auf dem »Erkenne-dich-selbst-Trip«, den man für den Pfad der Erkenntnis schlechthin hält. Zunächst jedenfalls glaubt man, daß das Stöbern in der Vergangenheit die Lösung für alle gegenwärtigen Probleme ist. Über kurz oder lang stürzt einen diese Methode jedoch in die totale Verwirrung.

Der eine sagt, man würde zu sehr lieben, ein anderer behauptet zu wenig. Therapeut X diagnostiziert eine larvierte Depression (eine besonders heimtückische Abart, die kaum zu erkennen ist, da sie larviert, d. h. versteckt ist). Therapeut Y entdeckt ein Borderline-Syndrom (Grenzfallsyndrom), von dem auch kaum jemand genau weiß, was eigentlich dahintersteckt. Der Familientherapeut erklärt, daß das Familiensystem schuld sei, während der Astrologe das Dilemma eher in einem Sonne-Aszendenten-Quadrat sieht. Und irgendwie haben alle recht.

Es hilft einem nur nicht viel weiter. Wenn man sich nämlich erst einmal auf die Ursachenforschung eingelassen hat, wird die Kette endlos. Weil es ja für jede Ursache wieder eine Ursache geben muß. Folgerichtig beginnen konsequente Menschen in ihrem vorgeburtlichen Leben herumzurecherchieren, etwa nach dem Motto: Vom Embryo zurück zu einem früheren Leben. Wer Glück und Phantasie hat, bringt es leicht auf ein Dutzend Reinkarnationen (Wiedergeburten), wobei mir auffällt, daß kein Reinkarnierter je als Galeerensklave oder Bauersmagd geschuftet hat. In ihrem früheren Leben waren die Leute durch die Bank etwas Besseres.

Ein angeknackstes Selbstwertgefühl kann natürlich mächtig durch das Wissen aufgebaut werden, daß man einst am Hofe Ludwigs XIV. die begehrteste Kokotte war. Vielleicht verdaut man dann tatsächlich besser, daß man zur Zeit ein Leben als Mauerblümchen fristet – quasi als Strafe für sexuelle Ausschweifungen vor einigen hundert Jahren.

Aber das Leben findet JETZT statt. Zu verstehen, warum es jetzt nicht so ist, wie man es gern hätte, ist nichts weiter als ein Trost. *Verstehen ist der Trostpreis im Leben!* Immer noch besser als eine absolute Niete zu ziehen. Aber eben auch kein Hauptpreis.

Wer einen Hauptpreis will, den führen Analysen nicht weiter. Sie konzentrieren den Blick zurück auf die Vergangenheit. Aber die Richtung des Lebens ist vorwärts. Kein Mensch wäre so blöd, mit einem Auto vorwärts zu fahren und dabei ausschließlich nach hinten zu gucken: Ein Unfall wäre unvermeidlich. Was ihr eigenes Leben angeht, so starren allerdings viele nur zurück. Und verunglücken genauso zwangsläufig.

Das bedeutet nicht, daß es irgendeine Methode gibt, Schmerz aus unserem Leben für immer zu verbannen. Von Zeit zu Zeit geraten wir in ein Tief, an dem wir oft völlig unschuldig sind: Ein Mensch, an dem wir sehr gehangen haben, stirbt. Die Firma, in der wir arbeiten, macht Pleite, unsere Wohnung brennt aus. Durch diese Schmerzen müssen wir hindurch, und zwar so intensiv wie möglich. Manche Kulturen machen uns das vor. Araber zum Beispiel weinen und schluchzen bei einem Begräbnis so hemmungslos, daß es uns befremdet. Wir hingegen neigen dazu, solche Reaktionen zu unterdrücken und quälen uns dadurch auf Dauer noch mehr. Das ist mit »Schmerz? Ja, sofort!« gemeint.

Es ist wie beim Ablösen eines Pflasters. Ein kurzer, kräftiger Ruck macht die Prozedur erträglicher als ein feiges, langsames Abziehen. Aus Angst vor Schmerzen verschieben viele den Zahnarzttermin. Die Folge davon: Ein halbes Jahr später versaut der kaputte Zahn ein ganzes Wochenende (Zahnschmerzen treten mit Vorliebe an Wochenenden auf, wie die meisten wissen).

Auch vor unseren seelischen Schmerzen können wir uns langfristig nicht drücken. Wer sie vermeiden will, indem er zum Beispiel nach rationalen oder irrationalen Erklärungen fahndet, den holen die Schmerzen irgendwann doch ein. Eine meiner Freundinnen erzählte mir einmal, daß sie nach einer Fehlgeburt zwei Jahre lang mit keinem Mann mehr Sex haben konnte. Und auch heute noch – Jahre nach dieser traurigen Erfahrung – kann sie kein Baby sehen, ohne daß es ihr immer noch weh tut.

Als wir darüber sprachen, fand sie selbst den Grund für diesen lang anhaltenden Schmerz. Sie hatte damals wirklich keine Zeit »durchzuhängen«. Als Schauspielerin war sie gerade auf Tournee, mußte jeden Abend fit sein. Ein paar Monate später, nach der Tournee, war der aktuelle Schmerz verdrängt. Der Preis dafür: Der Folgeschmerz wurde größer. Das überhaupt zu erkennen ist schon der erste Weg zur Besserung.

Manche drücken sich ein Leben lang davor, ihre Schmerzen zu fühlen und bezahlen dafür mit Krankheit oder Depression. Ich meine jedoch nicht, daß man irgend jemandem seine Krankheit oder Depression als Schuld anlasten sollte. Schmerzen zu vermeiden ist für den Körper eine sehr sinnvolle Reaktion. Wir machen nur oft den Fehler, dieses Vermeidungsverhalten auf unsere Seele zu übertragen.

Doch zu unserem Glück – und das ist wörtlich gemeint – haben wir als Menschen die Chance, diesen Mechanismus der Schmerzabwehr zu durchbrechen. Wir können uns dafür entscheiden, Schmerzen auf uns zu nehmen. Das tun wir aber nur, wenn wir wissen oder wenigstens hoffen, daß es sich lohnen wird. Wir tun es übrigens ständig: Von der Kosmetikerin lassen wir uns Mitesser ausdrücken und Körperhaare mit Wachs herausreißen. Dem Arzt erlauben wir, uns schmerzhafte Spritzen zu geben, und schlucken auch noch die bitterste Pille, wenn wir davon überzeugt sind, daß sie uns guttut. Aber wenn es um unser Glück geht, werden wir meist feige. Dann wollen wir die »Tasse mit Schmerz« nicht austrinken, die uns das Leben serviert. Und verhindern so, daß wir uns wieder mit Freude anfüllen können.

Gegensätzliche Gefühle haben in uns nicht gleichzeitig Platz. In einem schnellen Nacheinander schon! Das nennt man dann »das Wechselbad der Gefühle«. Der besänftigende Spruch vieler Eltern »Wir schimpfen ja nur mit dir, weil wir dich so lieb haben« ist gutgemeinter Blödsinn. In dem Augenblick, in dem Eltern ihre Nerven verlieren und ihr Kind anbrüllen, fühlen sie alles andere als Liebe. Anschließend bekommen sie Schuldgefühle, weil sie selbst gemerkt haben, wie lieblos sie waren. Und dann folgt dieser tröstende Spruch. Kinder spüren das sehr deutlich und fühlen sich zu Recht verschaukelt.

Ohne ihr Schuldgefühl könnten Eltern ganz einfach zugeben: »Ich war sauer auf dich.« Aber weil sie häufig den falschen Anspruch haben, ihr Kind immer lieben zu müssen, gestehen sie sich Aggressionen einfach nicht ein.

In den siebziger Jahren ging es vielen ähnlich mit ihrer Eifersucht. Die war damals einfach nicht angesagt, weil sie angeblich ein kapitalistisches Besitzdenken ausdrückte. Da stand ich armer Tropf nun und wäre am liebsten vor Eifersucht zersprungen, wenn sich irgendeine Ziege an meinen Freund herangewanzt hat und der sich auch noch gefreut hat, so umschmeichelt zu werden! Spätestens dann fiel die Maske der Progressivität von mir ab wie die Hautfetzen nach einem Sonnenbrand, und meine wahre, miese kleinbürgerliche Spießerseele kam zutage.

Richtig gut ging es mir erst, nachdem ich aufgegeben hatte, gegen meine Eifersucht zu kämpfen, und sie zuließ. Nicht immer auf die feine Art (eigentlich eher selten), aber zumindest wurde ich sie auf Dauer los. Wenn man ganz in seine Empfindungen hineingeht, verschwinden sie, ob man will oder nicht. Manchmal will man das gar nicht. Zum Beispiel, wenn man bis über beide Ohren verliebt ist. Aber ich habe noch nie von Leuten gehört, die das berauschende Hochgefühl des Verliebtseins über Jahre hinweg aufrechterhalten konnten, jedenfalls dann nicht, wenn sie ihre Drohung wahr gemacht haben, sich von nun an nie wieder zu trennen und jede freie Minute miteinander zu verbringen.

Trauer, Wut oder Eifersucht kann man auf die gleiche Art loswerden, indem man ganz in seine Empfindungen hineingeht und sie nicht verdrängt. Aus Erfahrung klüger geworden, halte ich zwar nicht sehr viel davon, jeden anderen völlig hemmungslos mit der eigenen, momentanen Seelenlage zu konfrontieren. Es hat durchaus Vorteile, den Impuls zu unterdrücken, seinen Chef zu ohrfeigen, auch wenn einem gerade danach ist. Aber nichts hindert einen daran, sich das wenigstens genüßlich vorzustellen. In Japan sollen einige Firmen dazu übergegangen sein, in einem Raum Gummipuppen aufzustellen, die den Chefs der Firma nicht nur zufällig ähnlich sehen. Den Angestellten wird empfohlen, die Wut auf ihre Chefs an diesen Puppen abzureagieren, so eine Art »Hau-den-Lukas« zwecks Abreaktion von Aggression.

Also bei Trauer traurige Musik hören, weinen, bis keine Tränen mehr da sind, und sich – so intensiv es geht – vorstellen, was man verloren hat? Ja! Aber heißt das nicht, sich bewußt in die Trauer hineinzusteigern, sie vielleicht sogar masochistisch zu vergrößern, werden Sie fragen.

Diese Frage ist tatsächlich sehr berechtigt. Psychologen zerbrechen sich seit Jahren den Kopf darüber, ob Filme bestimmte Gefühle, wie zum Beispiel Aggressionen, erst erzeugen oder im Gegenteil helfen, sie abzubauen, indem man sie stellvertretend vom Filmhelden ausleben läßt. Vorläufiges Ergebnis des Wissenschaftlerstreits: weder – noch. Bei den Menschen, bei denen sich Aggressionen bereits aufgestaut haben, können Brutalitäten auf dem Bildschirm enthemmend wirken. Wer keine Aggressionen hat oder mit ihnen besser umzugehen weiß, bei dem bleiben die Szenen wirkungslos.

Auf die Trauer umgemünzt, bedeutet das, daß man schon einen Funken Trauer in sich haben muß, bevor der sich entzünden kann. Aber es ist sicher richtig: Ein seelischer Flächenbrand ist auch nicht sehr sinnvoll. Im Sinne der Psycho-Hygiene ist es absolut ausreichend, seinen eigenen Schmerz zu beweinen und nicht auch noch das Elend der Welt. Vor

dieser Gefahr gibt es aber einen wirksamen Schutz: *Das Bewußtsein, daß der Schmerzreiz eine Ohnmachts-Platte ausgelöst hat.*
In dem Augenblick wird man zum Zeugen seiner Reiz-Reflex-Maschinerie. Man ist in der Lage, sich als jemanden zu sehen, der gerade Angst hat, traurig oder verzweifelt ist. Aber auch als jemanden, der sich zwar hilflos fühlt, der aber gleichzeitig weiß, daß er es nicht ist, sondern daß er nur wieder einmal die alte Leier abdudelt. Das nimmt zwar nicht die Traurigkeit, aber es bewahrt davor, völlig zu verzweifeln.
Wieviel Traurigkeit jedoch erst aus uns heraus muß, bevor wir wieder Freude aufnehmen können, dafür gibt es keine Regeln. Wir neigen dazu, uns ein bißchen zu überfordern, was die Zeit angeht. Noch in der ersten Hälfte dieses Jahrhunderts war zum Beispiel die offizielle Trauerzeit einer Witwe drei Jahre. (Ich weiß allerdings nicht, ob für Witwer und Witwen gleiche Regelungen galten und gelten.) Irgendwann hat man die Frist auf ein Jahr verkürzt. Neulich habe ich erfahren, daß einer Witwe heute »offiziell« nur noch ein halbes Jahr zugestanden wird. Kann die Seele heute schneller trauern? Wahrscheinlich nicht. Psychotherapeuten haben bei ihren Klienten die Erfahrung gemacht, daß es bei vielen tatsächlich bis zu drei Jahren dauern kann, bis sie den Tod des Lebenspartners verschmerzt haben und wieder ungebrochene Lebensfreude empfinden können. *Wer sich nicht gegen seine Tiefs wehrt, bei dem kommen die Hochs ganz automatisch wieder.* Denn:

. . . .

Das Leben ist eine Achterbahn

Auf der Achterbahn des Lebens bekommt jeder den Schwung fürs nächste Hoch automatisch, wenn er im Tief nicht abbremst. Die Achterbahn des Lebens bietet jedem nur zwei Möglichkeiten: mitmachen oder abspringen. Abspringen kann man langsam oder schnell. In beiden Fällen bedeutet es Tod. Schnell geht es durch Selbstmord, langsamer durch jedes Verhalten, das ein Tief blockiert, weil man nicht durch den Schmerz – das Tief – gehen will. Drogensucht zum Beispiel ist solch eine Blockade. Heroin, aber auch Alkohol macht zwar im Moment schmerzfrei, der Folgeschmerz jedoch ist unvergleichlich viel größer: Man bezahlt mit einem verpfuschten Leben.
Daneben gibt es natürlich noch eine Menge anderer Bremsen, die ein absolutes Tief aufhalten, aber so auch verhindern, daß man jemals wieder genügend Schwung für das nächste Hoch bekommt. Und diese Bremsen bauen wir uns selbst!

Königin Viktoria von England (1819 bis 1901) hatte sich so eine Bremse, eine Lebensstrategie, geschaffen, weil sie durch einen großen Schmerz nicht hindurch wollte. Nachdem ihr Mann Albert gestorben war (nach ihm wurde die Royal Albert Hall in London benannt), versuchte sie, die Zeit anzuhalten. Alles sollte so bleiben, wie es zu Alberts Lebzeiten gewesen war. Die Bewahrung dieses Zustandes kostete unglaublich viel Energie. Aller Besitz mußte katalogisiert, der Standort des kleinsten Möbels festgehalten werden. Die Verweigerung, sich in ihrem Privatleben dem Lauf der Zeit anzupassen, den Tod ihres Mannes zu akzeptieren, raubte Viktoria viel Zeit und viel Kraft.

Mitmachen ist die andere Möglichkeit auf der Achterbahn des Lebens. Das heißt zunächst einmal nichts anderes, als die Achterbahn zu akzeptieren, sich nicht gegen ihre Fliehkraft zu sträuben. Wenn Sie schon einmal Motorrad gefahren sind, wissen Sie, wie wichtig es auch für den Beifahrer ist, in den Kurven mitzugehen. Als ungeübte Beifahrerin habe ich immer den Fehler gemacht, wenn der Fahrer sich in eine Kurve legte, sozusagen einen Ausgleich zu schaffen, indem ich mit meinem Körper gegensteuerte. Ein gefährliches Verhalten, das sehr leicht zu einem Unfall führt. Warum ich das tat? Aus Angst. Und weil ich mich von meiner Angst leiten ließ, habe ich **automatisch** das Falsche getan.

Wie Angst zum Unglück führt, führt Mut zum Glück.

Logisch, daß wir die Hochs lieber mögen als die Tiefs, aber Tiefs sind unvermeidlich. Zwar halten wir manche Menschen für Lieblinge der Götter, weil sie – nach unseren Maßstäben – mit Hochs überschüttet werden. Bildschön, begehrt und erfolgreich kann man gar nicht unglücklich sein, meinen wir. Marilyn Monroe war alles drei und sprang bei einem Tief doch lieber ab, als weiter mitzumachen.

»Die Wellen kann man nicht ändern, aber man kann surfen lernen«, so heißt eine der Weisheiten des buddhistischen Meditationsmeisters Choegyam Trungpa. Wer surfen kann, der braucht keine Angst mehr vor hohen Wellen zu haben. Viele Menschen suchen sich gerade die hohen Wellen aus, weil ihnen seichtes Gewässer zu langweilig ist – nicht nur Surfer. »Was hat Sie an dieser schwierigen Rolle so gereizt?« ist eine der häufigsten Fragen, die Schauspielern gestellt wird. Die Standardantwort darauf: »Ich wollte die Herausforderung.«

Herausforderungen zu bestehen macht für viele Menschen den Reiz des Lebens aus. Andere schütteln verständnislos den Kopf darüber, daß ein Reinhold Messner freiwillig Eiswüsten durchquert und ohne Sauerstoffgerät auf Gipfel kraxelt.

Ein kleines Ratespiel für zwischendurch: Was glauben Sie, wer mehr Eigenmacht-Platten in seinen Speicher ablegen wird – der, der sich Herausforderungen sucht und sie erfolgreich besteht, oder der, der sich das »Abenteuer Leben« im Film anschaut oder es in Büchern nachliest? Richtig! Was für den einen das Grauen schlechthin ist, ist für den anderen ein intensives, erfülltes Leben. Wer hat nun recht? Beide. Denn:

. . . .

Jeder hat recht in seinem Denksystem

Gerade weil jeder recht hat, streiten wir uns so oft, so lange und so ergebnislos. Wie zum Beispiel das Ehepaar in der Eheberatung, das den Therapeuten vor eine fast unlösbare Situation stellte. Die Frau beschwerte sich, daß ihr Mann fast jeden Abend in die Kneipe ging. Er tat es, weil er ihr Gezeter nicht mehr ertragen konnte. Als Außenstehender hat man es leicht, für beide Seiten Verständnis aufzubringen.
»Er räumt nie etwas auf!« »Sie hat einen Putzfimmel!« – »Er schaut jeder Frau hinterher!« »Sie ist krankhaft eifersüchtig!« – »Sie wirft das Geld zum Fenster hinaus!« »Er ist ein Geizhals!« – »Sie ergreift beim Sex nie die Initiative!« »Er ist immer viel zu schnell!« – »Sie will ständig über unsere Beziehung reden!« »Er hat nur Sport und Politik im Kopf!«
Wenn Ihnen der eine oder andere Minidialog bekannt vorkommen sollte, dann nicht, weil Männer oder Frauen »so« sind, sondern weil ein Vorwurf den Gegenvorwurf automatisch bedingt, jedenfalls solange beide Kontrahenten in ihrem System steckenbleiben. Aufgelöst werden kann so ein Streit erst dann, wenn wenigstens einer der beiden aus seinem System austritt. Das heißt noch nicht, daß man selbst zum Beispiel seine Vorstellungen von Ordnung verändert. Es bedeutet lediglich zu erkennen, daß es keine allgemeingültigen Vorstellungen und Normen gibt, daß jeder andere hat. Wenn mir erst einmal bewußt ist, daß auf dem Wohnzimmerteppich liegende Socken auf dem Wohnzimmerteppich liegende Socken sind und nichts anderes und daß »schlampiger, rücksichtsloser Kerl« mein Beitrag dazu ist, ja dann bin ich auf dem besten Weg zur Erleuchtung. *In dem Moment bin ich mir bewußt, daß ich der Denker meiner Gedanken bin. Denn: Was ist, ist. Und wie ich damit umgehe, ist mein Beitrag.* So habe ich die größte Macht überhaupt entdeckt: die Macht über meine Gedanken. Und Sie Ihre Macht über Ihre Gedanken.
Erinnert Sie das an etwas? Genau! An den Tunnelvisions-Test zu Beginn dieses Kapitels. Neun Punkte und vier Linien waren das, was da war.

Daß Sie nicht über die neun Punkte hinausgehen durften, war Ihr Beitrag zu den Gegebenheiten, zu der Situation. Mit der Situation selbst hatte Ihr Beitrag gar nichts zu tun, aber mit Ihrem Denksystem. Wenn Ihnen bei der Lösung der Aufgabe jemand den Tip gegeben hätte, erst einmal zu prüfen, ob Sie von falschen Voraussetzungen ausgehen, wären Sie wahrscheinlich eher auf die Lösung gekommen. Aber Sie (und ich auch) haben geglaubt, daß man die Aufgabe so lösen muß, weil man sie nur so lösen darf.

Unsere eigenen festgefahrenen Gedanken haben uns von der Problemlösung abgehalten. Nicht auszudenken, wohin uns das führen würde, wenn wir immer so beschränkt in unserem Denksystem gefangen wären! Wir würden überhaupt nichts mehr auf die Reihe kriegen. Doch manchmal schaffen wir es tatsächlich, über unseren eigenen Schatten zu springen, unser System zu sprengen. Immer bedeutet das auch, sich von krank oder unglücklich machenden Überzeugungen (= Gedanken) zu verabschieden. In den Kapiteln 2 bis 16 werden Sie sehen, wohin solche Überzeugungen führen können. Wie sich Gedanken bewahrheiten, bis man selbst glaubt, so ist es, und so muß es sein.

Natürlich wäre es toll, wenn wir die Realität so sehen könnten, wie sie ist. Das ist möglich, wenn wir nur genau genug hinschauen, meinen Sie? Irrtum. Jeder hat eine andere Sicht der Dinge. Das »Drei-Sterne-Lokal« ist für den Restaurantkritiker der Inbegriff der Kochkultur, für den Vegetarier ein barbarischer Ort, an dem unschuldige Tiere getötet und verzehrt werden. Für die Leute, die darüber wohnen, ist es ein ständiges Ärgernis, weil ihnen Küchendünste in die Wohnung wehen. Der eine graust sich vor den Spesenrittern, die in solchen Lokalen verkehren, der andere genießt die elegante Atmosphäre. Was von alledem ist die Realität?

Man könnte nun auf die Idee kommen, das Restaurant in viele kleine Teile zu zerlegen – ganz wissenschaftlich – und die Einzelteile zu beschreiben. Ahnen Sie, wohin das führt? Mitten in die Atomphysik. Glauben Sie, daß eine Auflistung aller in einem Restaurant vorhandenen Elementarteilchen irgend jemandem wirklich sagen kann, was ein »Drei-Sterne-Restaurant« ist? Eher nicht, denn man weiß inzwischen doch, daß das Ganze eben mehr ist als die Summe seiner Teile. Ein schön gedeckter Tisch ist mehr als soundso viele Teile Geschirr, Besteck, Blumen, Servietten und Kerzen. Er ist ein ästhetisches Gesamtbild. Dazu Ausdruck des Geschmacks der Gastgeber, Würdigung der Gäste und des festlichen Anlasses.

Wir sehen, was wir sehen wollen

Wir können es drehen, wie wir wollen: An die objektive Realität kommen wir nicht heran. Alles, was wir sehen, ist schon durch unseren Beitrag gefärbt. Menschen, die von Geburt an blind waren und nach einer Operation zum erstenmal sehen können, erkennen buchstäblich nichts, obwohl Lichtreize von der Netzhaut über den Sehnerv an das Gehirn weitergeleitet werden. Denn diese Lichtreize sind für den vormals Blinden nichts weiter als ein völlig chaotisches Bild. Die Welt des Blinden ist eine Welt der Geräusche, der Gerüche und des Tastens. Um optische Reize mit Begriffen und Wörtern zu verbinden, fehlen ihm noch die neuronalen Strukturen im Gehirn.

Erst, wenn der Blinde lernt, Lichtreize auseinanderzuhalten, die zum Beispiel den Stuhl vom Tisch, die Sonne vom Mond und Rot von Blau unterscheiden, dann kristallisieren sich auch beim Sehen Gegenstände heraus. Also das, was wir so im landläufigem Sinn unsere »Realität« nennen. Blinde haben eine andere Realität als Sehende, Taube eine andere als Hörende. *Niemand hat dieselbe Vorstellung von der Realität.* Oder anders ausgedrückt: Am Anfang war das Wort, wie es in der Bibel heißt. Dieser erste Satz der Schöpfungsgeschichte bedeutet nichts anderes als: Durch unsere Sprache erschaffen wir die Welt so, wie wir sie sehen wollen, so, wie wir meinen, am besten mit ihr umgehen zu können. Durch Worte und Gedanken, durch unseren Geist haben wir die Freiheit, die Welt entweder so zu sehen oder aber ganz anders. Wir sind es, die sich »Gedanken machen«. Und je nachdem, welche Gedanken wir uns machen, halten wir Asylbewerber für »faules Pack«, das nur an unserem Reichtum teilhaben will, oder für Menschen, denen wir verpflichtet sind zu helfen. Von unseren Gedanken hängt es ab, ob wir jammern »Ich schaff' das sowieso nicht« oder »Ich bin immer so allein« oder ob wir unsere Situation ganz anders beurteilen. Zum Beispiel, indem wir Bewertungen austauschen und sagen »Ich schaffe es« oder »Bis jetzt wollte ich allein sein, nun will ich etwas anderes«. Wie es einem gelingt, statt einer Jammerarie ein fröhlicheres Lied zu singen, beschreiben die Kapitel 2 bis 16.

Durch unsere Gedanken, unseren Beitrag, unsere Stellungnahme zu einer Situation haben wir die *Wahl, den Schmerz des Lebens so zu vergrößern, daß er uns in die völlige Verzweiflung treibt, oder ihn als unabänderlich zu akzeptieren.* Wir machen allerdings oft den Fehler, daß wir meinen, eine schmerzauslösende Situation würde automatisch bestimmte Gefühle erzeugen. Das stimmt jedoch nicht. Wir können es nämlich lernen, unsere Empfindungen von unseren Beiträgen zu trennen.

Empfindungen sind nichts anderes als unsere sinnlichen Wahrnehmungen. Ist der geliebte Partner nicht mehr da, spüren wir ein großes Loch in unserem Leben, ein Fehlen von sinnlicher Wahrnehmung. Und das tut sehr weh. Alles, was wir zu dieser Situation denken, ist unser Beitrag dazu. Also: Ohne ihn kann ich nicht leben. Nie wieder werde ich glücklich sein. Einen so tollen Partner werde ich nie wieder finden. Diese Beiträge verstärken unseren Schmerz unnötig.

Da wir als Menschen jedoch in der Lage sind, unsere Gedanken selbst zu prüfen, können wir von ihnen auch Abschied nehmen. Viele meinen allerdings, sie seien besonders gefühlvoll, weil sie sich durch ihre Gedanken (ihre Beiträge) den Schmerz so groß züchten, daß er sie überwältigt. Und sie glauben, es sei ein Ausdruck besonders inniger Liebe, wenn sie nach dem Tod des Partners in eine lebenslange Depression verfallen. Das ist ein schlichter Irrtum. Sie sind sich nur nicht darüber im klaren, daß das, was wir »Gefühl« nennen, oft eine sehr gefährliche Mischung aus Empfindungen und gedanklichen Beiträgen ist. Sie glauben, sie könnten aus ihrer Haut nicht heraus, weil sie die Macht ihrer Gedanken unterschätzen. Und damit die Macht über sich selbst.

Die Macht unserer Gedanken geht so weit, daß wir sogar unsere Körperempfindungen durch sie steuern können. Wer schon einmal autogenes Training gemacht hat, weiß, daß es nichts anderes als Gedanken sind, die den Körper entspannen. Auch das Kunststück, über glühende Kohlen zu laufen, ohne sich dabei die Fußsohlen zu verbrennen, ist allein über Gedanken-Management möglich. Die Leute stellen sich intensiv vor, über kühles Moos zu laufen.

Lieber bekanntes Leid als unbekanntes Glück

Vielleicht haben Sie die Menschen, die lernen wollten, über glühende Kohlen zu gehen, bisher immer für ziemlich verrückt gehalten. Was für einen Sinn soll es schließlich haben, solche Zirkusnummern zu beherrschen? Indirekt machen derartige Mutproben durchaus Sinn: *Mutproben geben das Selbstvertrauen, auch scheinbar Unmögliches zu bewältigen.*

Die meisten Menschen gehen hingegen am liebsten auf Nummer Sicher. Ihr Lebensmotto lautet: lieber bekanntes Leid als unbekanntes Glück. Deshalb verlassen Frauen Männer nicht, von denen sie geschlagen werden. Deshalb bekommen Menschen lieber Magengeschwüre, als sich einen neuen Job zu suchen, in dem sie sich weniger ärgern würden. Deshalb hocken Einsame jeden Abend allein vor dem Fernsehapparat. Auf andere Menschen zuzugehen wäre noch viel stressiger, angstauslösender.

Jeder lebt, wie er will. Alles andere wäre ihm zu teuer. Sie glauben das nicht? Sie kennen viele Leute, die ganz bestimmt lieber anders leben möchten, als sie es tun? Ich auch. Zumindest kenne ich viele, die das behaupten, die ständig darüber jammern, daß sie allein sind, daß keiner etwas für sie tut, aber sie alles für andere. Leute, die so viele Dinge anders machen würden, wenn …

In einer Zeitschrift las ich vor ein paar Monaten einen sehr vernünftigen Artikel über Partnersuche. Nach Ansicht der Autorin war das erste Gesetz für eine erfolgreiche Partnersuche: raus aus der Wohnung! Recht hat sie. Wer seine Sozialkontakte darauf beschränkt, mit der besten Freundin auf dem heimischen Sofa zu plauschen, der findet keinen Partner. Man muß auch etwas für sein Glück tun.

Einer Frau, die ihr angebliches Ziel nicht konsequenter verfolgt, der glaube ich nicht, daß sie tatsächlich einen Partner will. Sie hat viel zuviel Angst davor, einen Korb zu bekommen. Noch eine Enttäuschung zu erleben, die sie nicht verkraften würde, so glaubt sie. Und wenn man sich die Männer so anschaut: Es gibt ja doch keine tollen Typen mehr. Karl-Otto war ein Vielschwätzer und Versager, Hans-Leo ein Muttersöhnchen und Heinz-Günther ist zwar ein wirklich netter Kerl, aber leider rein optisch nicht tragbar.

So geht es vielen. Sie wissen genau, was sie *nicht* wollen, aber haben nicht den blassesten Schimmer davon, was sie wollen. Mick Jagger? Aus der Traum, der hat vor kurzem seine Jerry geheiratet. Und James Dean weilt seit über dreißig Jahren nicht mehr unter uns.

Zugegeben: Es ist gar nicht so einfach herauszufinden, was man eigentlich will. Doch wer darauf verzichtet, der zahlt einen hohen Preis. Der bleibt da stehen, wo er ist. Und das macht auf Dauer garantiert unglücklich.

Für einen, der kein Geld hat, ist es eine tolle Vorstellung, Millionen zu erben. Wer Millionen erbt, den können sie an den Rand der Verzweiflung bringen. Es gibt für ihn ja nichts mehr zu tun (meint er), es ist ja alles schon da. Der Millionenerbe hat es vielleicht wirklich schwerer, eine *Vision* zu entwickeln.

Visionen sind die Hormone des Mutes

Ohne eine möglichst genaue Vorstellung von dem, was man erreichen will, tritt man auf der Stelle oder verirrt sich ständig. Weil man buchstäblich nicht weiß, wo es langgehen soll. Wer nach Rom will, wird sich (von uns aus gesehen) in Richtung Süden begeben, logisch! Läuft er nach Osten, wird ihm kein Mensch glauben, daß er eigentlich nach Rom möchte.

Manche Kneipen sind voll mit Leuten, die die ehrgeizigsten Pläne haben: *den* Film aller Filme zu drehen, *das* Geschäft ihres Lebens hochzuziehen. Sie wissen ganz genau, wie sie das anstellen müssen. Und was tun sie? Noch ein Bier bestellen und dann noch eines. Am nächsten Tag liegen sie verkatert im Bett. Glauben Sie, daß diese Leute Lust haben, für die Verwirklichung ihrer Pläne auch etwas zu tun? Ich nicht. Die finden es schlicht gemütlicher, in der Kneipe zu hocken, was ich wiederum auch sehr gut verstehen kann. Aber den Mut, ins kalte Wasser zu springen, der fehlt ihnen. Wer glücklich sein will, der braucht also zweierlei:

– eine klare Vorstellung davon, wie sein Glück aussehen kann, also eine Vision, und

– Mut, diese Vision zu verwirklichen.

Wie die Vision aussieht, ist ziemlich nebensächlich. Ob Sie eine große Modedesignerin oder die Vorgesetzte Ihres Chefs werden wollen, ob Sie davon träumen, nach Kalifornien auszuwandern oder den absoluten Supermann zu ehelichen – alles egal. In dem Moment, in dem Sie eine Vision entwickelt haben, werden Sie sich automatisch in die richtige Richtung bewegen, und das ist immer die, die Sie Ihrem Ziel, Ihrer Vision näher bringt.

Wer keine eigene Vision hat, der ist sehr gefährdet, auf die Visionen anderer Leute hereinzufallen. Und sei es die Vision von einem tausendjährigen Reich. Manche Politiker – nicht nur Hitler – haben es verstanden (und verstehen es), Menschen mit ihren eigenen Visionen zu füttern. Wir nennen solche Politiker »charismatische Persönlichkeiten«. Kennedy hatte so ein Charisma, aber auch Reagan, der seiner Nation wieder Selbstvertrauen gab.

Wer seinem Volk, seinen Wählern, einen positiven Ausblick auf die Zukunft gibt (und sei die Zukunftsmusik noch so verlogen wie im Dritten Reich), der steigt auf der Beliebtheitsskala. Wer ständig die Verhältnisse kritisiert – und sei das noch so berechtigt –, der hat es schwerer, andere für sich zu gewinnen. Natürlich spricht nichts dagegen, wenn man sich der Vision eines anderen anschließt. Doch auf Dauer wird einen dieser Weg nur dann ins Glück führen, wenn er dem eigenen Weg, der eigenen Vision entspricht.

In Partnerschaften ist das ähnlich wie in der großen Politik. Am Anfang ist die Verliebtheit noch riesengroß. Endlich ist da jemand, der alle Sehnsüchte nach Zärtlichkeit und Geborgenheit befriedigt. Doch wer nicht gleichzeitig auch prüft, ob die eigene Vision von einem Leben zu zweit mit der des Partners übereinstimmt, bindet sich womöglich an den völlig Falschen. In seinem Buch »Die Kunst des Liebens« meinte Erich Fromm, der Grad der Verliebtheit sei allein Ausdruck für das Maß der eigenen Sehnsüchte. Je unbefriedigender mein eigenes Leben, je größer meine Sehnsucht nach einem Erlöser, um so größer die Gefahr, daß ich auf den Falschen hereinfalle. Erst eine glasklare eigene Vision schützt mich davor, auf das falsche Pferd zu setzen – in der Politik, im Beruf, im Privatleben.

Die Vision ist der erste Schritt ins Glück: Wer sein Denken regelmäßig und nicht nur alle Jubeljahre mit seiner Vision färbt, der bekommt den Mut, ins kalte Wasser zu springen, fast automatisch. Allerdings: Ersparen kann sich niemand das kalte Wasser. Gewohnte Gedanken, gewohntes Verhalten aufzugeben, tut zunächst einmal weh. Zum erstenmal eine Rede zu halten oder eine Konferenz zu leiten kann tatsächlich wie ein Gang auf glühenden Kohlen oder wie ein Sprung ins eiskalte Wasser sein. Die hundertste Konferenz ist dann nur noch ein Klacks. Doch wer beim erstenmal schon kneift, der wird nie eine Führungsposition bekommen. So einfach ist das.

Gerechterweise muß man aber zugeben, daß manche Menschen wirklich bis ans kalte Wasser herangehen und frustriert wieder umkehren, weil das ihnen eben kein Glück gebracht hat. Zum Beispiel die Frau, die auf einer Party zum erstenmal einem Mann sagt, daß sie ihn gern wiedersehen möchte, der aber lehnt dankend ab. Hätte sie zehn Männer angesprochen, wäre ihr vermutlich eine Verabredung gelungen. Manche stecken eben doch nur den Zeh ins kalte Wasser, und trauen sich erst mit dem Mut der Verzweiflung zu springen.

Denn so ist es nun einmal: *Die wenigsten Menschen verändern sich aus Einsicht, sondern sie tun es aus Notwendigkeit.* Jeder Raucher weiß, daß ihm seine Sucht schadet. Jeder Dicke weiß, daß Torte ihn noch dicker macht. Aber das Rauchen aufzugeben ist schwer. Und Abnehmen ist auch nicht gerade eine der leichtesten Übungen. Erst eine schwere Lungenkrankheit und ein viel zu hoher Cholesterinspiegel machen das Unmögliche dann doch möglich.

Wer sich zum Beispiel einredet, daß er den Sprung ins kalte Wasser sowieso nicht schafft, den verweise ich auf das nächste Kapitel, damit er gleich sieht, welche ungeheuren Vorteile er sich bisher mit diesem Satz erschlichen hat.

Trotzdem bitte ich Sie darum, beim Lesen der folgenden Kapitel diese Sätze nicht zu vergessen:

- *Verstehen ist der Trostpreis im Leben.*

- *Was immer so war, muß nicht immer wieder so sein.*

- *Schmerz? Ja, sofort!*

- *Das Leben ist eine Achterbahn.*

- *Jeder hat recht in seinem Denksystem.*

- *Jeder lebt, wie er will, alles andere wäre ihm zu teuer.*

- *Was ist, ist. Und alles, was ich denke, ist mein Beitrag zum Leben.*

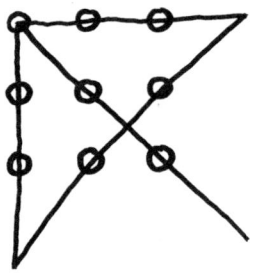

Auflösung des Tunnelvisionstests

»Ich schaff' das sowieso nicht!«

E in genialer Satz – wenn auch kein besonders origineller. Schon Vorschulkinder haben den Bogen raus, sich mit diesem Satz oder einer seiner beliebten Varianten »Ich kann das nicht«, »dafür bin ich zu dumm« (oder ein paar Jahre später: »Ich bin einfach so willensschwach«) vor Unangenehmem zu drücken.

Sollte Mama jedoch verbal nicht zu überzeugen sein, daß man mit fünf Jahren zwar raketengesteuerte Legosatelliten bauen kann, aber außerstande ist, die Bausteine vom Wohnzimmerteppich zu entfernen, so wird ihr eben diese schwer einsehbare Tatsache so lange nonverbal bewiesen, bis Mama von selbst sagt: »Warum stellst du dich so dumm an? Da mache ich es doch besser selbst!« Kluge Kinder haben es schnell raus, daß auch engelsgleich geduldige Mütter es kaum verkraften, wenn der Sprößling pro Woche drei Kristallgläser beim Abtrocknen zerdeppert. So befreit sich der ungeschickte Nachwuchs in alle Zukunft von Tätigkeiten, für die nicht er, aber die ihm zu blöd sind.

Mit der Klappe des Unvermögens schlägt das raffinierte Kind noch eine weitere Fliege: Es wird über sein Kleinkindalter hinaus gehätschelt und gepäppelt wie ein Baby. Spätestens dann, wenn er mit dem neugeborenen Zuwachs die elterliche Zuwendung teilen muß, fällt auch der Leseanfänger in längst aufgegebene Untugenden zurück: macht in die Hosen, lutscht am Daumen, weigert sich, mit Besteck zu essen, und lallt in der Babysprache. Erst, wenn ein anderer viel Arbeit mit dir hat, liebt er dich wirklich!

Warum also die liebgewonnene Gewohnheit aufgeben? Sie erspart einem auch in späteren Jahren viel Unangenehmes. Von Geld habe ich keine Ahnung! Also lasse ich Papa, Heinz-Günther oder Tante Anna meine Steuererklärung machen. – Mathe werde ich nie kapieren! In hoffnungslose Unternehmen investiere ich nichts! Also schreibe ich meine Fünfen und Sechsen. Ich muß ja schließlich nicht Medizin studieren. Krankenschwester ist doch auch ganz nett. Und da nehmen sie dich mit Handkuß. – Reifenwechsel? Tut mir leid, ich bin technisch nicht begabt. Aber du kannst das bestimmt.

Abgesehen davon kann ich darauf verzichten, mich ständig zu blamieren. Stell' dir vor, du bewirbst dich für den Job in dieser internationalen Firma, so mit Aufstiegsmöglichkeiten und allem Pipapo, und du kriegst ihn nicht. Ist doch peinlich! Oder du kriegst ihn, weil dem Personalchef deine schönen blauen Augen so gut gefallen haben (einen anderen Grund kannst du dir sowieso nicht vorstellen), und bestehst noch nicht einmal die Probezeit. Also bevor ich mir so etwas antue, bleibe ich doch lieber in meiner kleinen Klitsche. Da weiß ich wenigstens, was ich habe. Diesen Job beherrsche ich aus dem Effeff, da macht mir keiner etwas vor.

Mir macht es auch nichts aus, daß Heinz-Günther ohne mich in den Winterurlaub fährt. Soll er doch! Das tut der Beziehung vielleicht auch mal ganz gut, so eine Pause. Aber so dumm bin ich nicht, mir einen Skikurs anzutun. Mit 23! So etwas lernt man als Kind oder gar nicht mehr. Ich lass' mich doch nicht von den Gören auslachen! Das täte Heinz-Günther so passen!

Ich kann mich noch gut daran erinnern, wie Evelyn mich mal bequatscht hat, zum Jazz-Dance mitzugehen. Nie wieder, sag' ich. Wie eine Kuh bin ich da herumgehopst. »Das ist am Anfang immer so«, hat Evelyn gesagt. »Da muß man durch.« Man muß! Wenn ich das schon höre. Evelyn hat gut reden: Sie ist schon seit drei Jahren dabei und wirklich gut. Als ob ich nicht gemerkt hätte, wie doof die anderen mich angeguckt haben. Ich bin doch keine Masochistin!

Das sagt die Lili auch immer. Aber bei der ist das was anderes. Stellen Sie sich mal vor, die wiegt bestimmt neunzig Kilo. Ein Faß, sag' ich Ihnen. Wie man nur so herumlaufen kann. Und sie frißt und frißt. Also essen kann man das wirklich nicht mehr nennen. Ich habe ihr jetzt mal ein Diätbuch geschenkt. Das hat Lili sich angeguckt und gesagt: »Die spinnen wohl. Davon kann man doch nicht satt werden. Ich bin doch keine Masochistin!« Ich habe ja noch versucht, ihr zu erklären, daß man nur am Anfang ein bißchen Hunger hat und, wenn der Magen sich erst an die kleinen Portionen gewöhnt hat, dann nicht mehr so. »Und was mache ich dann mit meinen ganzen Klamotten?« fragte Lili mich. Also, wenn Sie meine Meinung wissen wollen, die Lili will gar nicht abnehmen. Selbst schuld, kann ich da nur sagen.

. . . .

Das Blödenspiel und seine Spielregeln

»Ich schaff' das sowieso nicht!« – »Ich bin ein Versager!« – »Ich bin zu dumm!« – »Ich bekomm' nie etwas auf die Reihe!« Wer sich selbst ständig mit solchen Sätzen herunterputzt, der spielt das Blödenspiel, und zwar gern. Sie können davon ausgehen, daß wir alle Gedanken, die wir oft denken, auch gern denken. Selbst die haarsträubendsten. Sonst würden wir sie nicht so oft denken.

Wie dumm, begabt, intelligent oder untalentiert ein Mensch tatsächlich ist, ist Nebensache. Oft sind es gerade die Intelligentesten, die sich ihrer Unzulänglichkeiten am stärksten bewußt sind und nur noch auf das starren, was sie *nicht* können.

Selbstverständlich würden nicht so viele Menschen das Blödenspiel spielen, wenn sie daraus keinen Nutzen zögen. Ganz so blöd, wie sie tun, sind diese Spieler nun wirklich nicht. Zunächst einmal ist das Bekenntnis »Ich schaff' das sowieso nicht« ein hervorragendes Alibi, sich vor Unangenehmem zu drücken: vor Kritik, Mißerfolg und Blamagen – also vor jedem »Mich-liebt-keiner«-Erlebnis. Aber auch vor Arbeit und Anstrengung. Wer intelligent, begabt und geschickt ist, von dem wird auch erwartet, daß er seine Fähigkeiten einsetzt. Die eigene Leistung bestimmt, was in Zukunft von einem verlangt wird. Hätte Boris Becker nicht schon mit siebzehn Jahren das Endspiel in Wimbledon gewonnen, die Presse wäre bei seinen späteren Mißerfolgen schonender mit ihm umgegangen.

Nicht immer ist es der Blödenspieler selbst, der das Spiel in Gang bringt. Manchmal sind es auch Eltern, Lehrer, Erzieher oder ältere Geschwister. Wer schon als Kind eingetrichtert bekommen hat, daß er dümmer ist als andere, auf den kann diese Botschaft eine hypnotische Wirkung haben. Der ständig gepredigte Satz »Du bist faul, schlampig und dumm« macht aus Kindern noch lange keine fleißigen, ordentlichen und gescheiten Erwachsenen – im Gegenteil!

In der Psychologie ist es ein altbekanntes Phänomen, daß Menschen sich in der Regel so verhalten, wie es andere von ihnen erwarten. In einem Experiment wurde zum Beispiel dem Lehrer einer Grundschulklasse gesagt, daß einige Schüler in einem Intelligenztest hervorragend abgeschnitten hätten. Die Namen der Schüler wurden nach dem Zufallsprinzip ausgesucht. Einen Intelligenztest hatte es nie gegeben. Am Ende des Schuljahres hatten ausgerechnet diese Schüler ihre Noten wesentlich verbessert. Allein der Glaube des Lehrers an die verborgenen Fähigkeiten und die damit verbundenen Aufmunterungen hatten die Leistungssteigerung der Schüler bewirkt.

Erwartungen können also einen Menschen positiv oder negativ beeinflussen. Besonders wirksam sind die Erwartungen, die wir an uns selbst stellen – gleichgültig, woher wir sie haben. Sie programmieren uns auf Erfolg oder Mißerfolg, auf Liebe oder Einsamkeit, auf Armut oder Reichtum. Das Blödenspiel programmiert auf Mißerfolg, und daraus zieht der Blödenspieler seinen ganz persönlichen Gewinn. Sollte er ausnahmsweise einmal kurzfristig aus seiner Rolle fallen und halbherzig etwas wagen, was er ja eigentlich gar nicht kann, so hat er wenigstens recht gehabt. Er wußte es doch von vornherein, daß er zu blöd ist. Und Rechthaben ist ein Spaß, der nicht zu verachten ist.

Rechthaben ist die Sicherheit des Unsicheren. Das Blödenspiel gibt ihm die Sicherheit, an Ort und Stelle zu bleiben und nichts Neues wagen zu müssen. Das Rechthaben bestärkt diese Sicherheit. Manche Blödenspieler – und nicht nur die – scheinen eine Art inneres Rabattmarkenbuch zu besitzen. Jeder Mißerfolg ist eine neue Marke, die sie einkleben dürfen.

Und wenn das Buch voll ist? Dann sind die Spieler reif für den totalen Ausstieg, für das Leben unter der Brücke, für den Sprung von der Brücke. Sie haben sich ja bewiesen, daß sie für alles, was sie angefangen haben, zu blöd sind. Andere kleben in ihrem Leben Einsamkeits-, Selbstmord- oder Krankheitsmarken. Der schwache Trost, wenn alle Rabattmarken beisammen sind: recht gehabt!

· ·

Warnung an alle, die aus dem Blödenspiel aussteigen wollen!

Eins sag' ich Ihnen: Es wird sehr ungemütlich werden! An Ihrer Stelle würde ich mir den Ausstieg genau überlegen. Es lief doch bisher alles so gut. Kein Streß, keine bösen Überraschungen, gar nichts. Ja eben, meinen Sie? Auf die Dauer reicht Ihnen das nicht? Ein bißchen undankbar, finden Sie nicht? So gemütlich, wie Sie es bisher in Ihrer Blödenzelle hatten, da hätte sicher so mancher gern mit Ihnen getauscht. Sie wissen doch, man kann nicht alles im Leben haben. Jeder zahlt seinen Preis oder »There is no free lunch«, wie die Amerikaner sagen.

Aber der Preis wird Ihnen langsam zu hoch? Na gut, das verstehe ich schon, daß Sie das Gefühl haben, Sie treten immer irgendwie auf der Stelle. Ein ruhiges Leben ist nun einmal ein bißchen langweilig, ist doch logisch.

Und mit den Männern klappt es bei Ihnen auch nicht so? Sie geraten immer an die Typen, die Ihnen so richtig zeigen wollen, wo es langgeht? Aber das müssen Sie doch begreifen, daß so ein Mann es genießt, endlich eine Frau gefunden zu haben, die noch etwas blöder ist als er selbst. Glauben Sie mir, insgeheim ist er froh und dankbar, daß Sie sich so süß dumm anstellen. Sie wissen doch, daß Männer sich manchmal schwer damit tun, ihre wahren Gefühle zu zeigen.

Apropos – Sie wollen es den anderen mal so richtig zeigen, was alles in Ihnen steckt? Ich warne Sie: Mit nur einem Mal ist das nicht getan. Wie die Geier werden sich die anderen auf Sie stürzen, wenn sie erst einmal gemerkt haben, daß aus Ihnen doch einiges herauszuholen ist. In dieser Leistungsgesellschaft kommt so schnell keiner ungeschoren davon. Das sollte Ihnen doch klar sein.

Wenn die Leute erst einmal begriffen haben, daß Sie nicht nur super organisieren können, sondern auch zwei Fremdsprachen beherrschen, dann können Sie sich an zwei Fingern ausrechnen, wann man Sie aus Ihrem netten Schreibsaal wirft und in hohem Bogen in die Chefetage katapultiert. Und dann haben Sie den Salat!

Von wegen um Punkt fünf Feierabend! Überstunden, Dienstreisen mit der Chefin nach Paris oder Mailand … Wollen Sie das wirklich? Ganz abgesehen davon, daß Sie dann auch nicht mehr wissen, auf welche dummen Gedanken Heinz-Günther kommt, wenn Sie nicht mehr so viel Zeit für ihn haben. Und diesen harten Zug um den Mund, den Karrierefrauen haben, den wollen Sie auch??? Vor lauter Frust kriegen Sie den sowieso, meinen Sie? Lieber harte Züge mit Karriere als ohne? Ich merke schon, Ihnen ist nicht mehr zu helfen! Sie sind auf dem Trip, sehen sich schon selbst, wie Sie im Designerkostüm Ihre Brieftasche mit fünf verschiedenen Kreditkarten zücken. Und was für ein dummes Gesicht Ihr Chef machen wird, wenn Sie zur Konkurrenz geholt werden. Wie Sie Heinz-Günther aus Ihrem Porsche werfen und eiskalt auf die Straße setzen, wenn er noch einmal an Ihrem Fahrstil herumzumeckern wagt.

Ich sage Ihnen, wenn Sie das wirklich wollen, dann kommt eine Menge Arbeit auf Sie zu. Von heute auf morgen erreichen Sie das nicht. Sich erst ein ganzes Leben lang blöd stellen und dann mit der Wahrheit herausrücken. Das wäre ja noch schöner, wenn Ihnen das jeder sofort abnehmen würde. Sie müssen erst einmal beweisen, daß man Ihnen etwas zutrauen kann. Sie werden im Mittelpunkt stehen, jeder wird an Ihnen herumkritteln, man wird auf Sie neidisch sein, man wird gegen Sie intrigieren. Wie wollen Sie das nur aushalten?

Bitte, wenn Sie sich dem gewachsen fühlen! Wenn Ihnen Erfolg, Anerkennung und Unabhängigkeit so wichtig sind, dann bleibt Ihnen ja wohl auch nichts anderes übrig. – Ich habe Sie jedenfalls gewarnt. Jammern Sie nur nicht hinterher, daß Sie sich alles viel einfacher vorgestellt haben. »There is no free lunch«, habe ich Ihnen gesagt. Auch Sie müssen durch den kalten Fluß. Wenn Sie wollen. Sie müssen aber nicht wollen. Kein Mensch zwingt Sie. Es ist Ihre freie *Wahl*, sich auf Mißerfolg oder Erfolg zu programmieren, den Satz zu denken »Ich schaff' das sowieso nicht« oder ihn gegen einen anderen einzutauschen, zum Beispiel gegen »Ich schaff' das«. Wenn Sie tatsächlich wollen, müssen Sie Ihren Beitrag zu Ihrem Leben ändern. Sie erinnern sich: Es sind immer unsere Beiträge, unsere Gedanken, die die Realität so erschaffen, wie wir sie sehen oder sehen wollen.

Natürlich kann es durchaus passieren, daß Sie zum Beispiel in einem Italienischkurs längst nicht so schnell vorwärtskommen wie andere, die schon Spanisch oder Französisch sprechen. Wenn Sie sich mit denen vergleichen, werden Sie um so schneller wieder das Blödenspiel spielen und sich sagen »Ich schaff' das nicht«. Aber: *Wenn Sie etwas erreichen möchten, müssen Sie sich immer dort abholen, wo Sie sind und nicht da, wo Sie gern sein möchten.*

Kein Ballettanfänger beginnt sein Training mit Pirouetten, sondern mit sehr viel einfacheren Dehnungsübungen. Es ist noch kein Meister vom Himmel gefallen, wie Sie wissen. Auch die Ungeduld, nicht gleich alles zu bekommen, ist ein Schmerz, den man auf sich nehmen muß, wenn man weiterkommen will.

Mit einem Ziel, einer Vision vor Augen, fällt es leichter, geduldig zu sein. Weil man weiß, daß auch noch der kleinste Erfolg ein Schritt in Richtung auf das Ziel ist. Selbst Mißerfolge hauen einen dann nicht mehr so schnell um, sondern spornen eher an.

Aber wie gesagt: Sie müssen sich nicht auf Erfolg programmieren. Das Blödenspiel hat ja durchaus Vorteile. In dem Moment aber, in dem Sie wissen, daß Sie eine ziemlich ausgekochte Person sind, hören Sie auch automatisch auf zu jammern. *Sie haben sich für dieses Spiel entschieden. Es gibt keinen Grund mehr zu jammern.* Sie sind nun ein selbstbewußter Blödenspieler. Einer, der genau weiß, was er tut.

Als Gewohnheitstiere fallen wir jedoch auch manchmal in alte Verhaltensweisen zurück, wenn wir das eigentlich gar nicht wollen. Das macht überhaupt nichts. So lange es uns bewußt ist, welches Spiel wir plötzlich wieder automatisch spielen, werden wir zum Beobachter unserer selbst, vom Opfer zum Macher. Denn in diesem Augenblick können wir augenzwinkernd aus dem Spiel aussteigen. Und eine neue Platte auflegen.

. . . .

Aufwärmübungen für alle, die durch das kalte Wasser wollen

– Machen Sie eine Liste all der Dinge, von denen Sie glauben, daß Sie sie nie schaffen werden. Je nach deren Schwierigkeitsgrad verteilen Sie Punkte von 1 (leicht) bis 10 (schwer). Beginnen Sie zunächst mit *einer* Sache, die nur einen Punkt hat. Diese Sache ziehen Sie durch. Und zwar unbedingt so lange, bis Sie sich diese Aufgabe problemlos zutrauen, bis es Ihnen gar nichts mehr ausmacht. Folgendes könnte zum Beispiel auf Ihrer Liste stehen: Reifen wechseln, allein in ein Lokal gehen, ein Computersystem beherrschen, jeden Tag Gymnastik machen … Erst wenn Sie Ihr Ein-Punkt-Programm spielend bewältigen, dürfen Sie sich eine Zwei-Punkt-Aufgabe aussuchen. Auf diese Art bekommen Sie das Selbstvertrauen, daß Sie alles schaffen, was Sie sich vorgenommen haben.

– Für den Anfang ist es nebensächlich, ob Sie sich Ziele setzen, die Sie Ihrer Vision näherbringen. Hauptsache, Sie kommen überhaupt erst einmal in Schwung. Verpflichten Sie sich zum Beispiel dazu, jeden Morgen einen Apfel zu essen, oder zu irgend etwas anderem, was Ihnen relativ sinnlos erscheint. *Aber ziehen Sie das durch.* Diese simple Verpflichtung zu erfüllen, und zwar ausnahmslos jeden Morgen, bringt Sie *jedem* Ziel näher, das Sie sich vornehmen. Ihre eigenen Verpflichtungen zu erfüllen holt Sie nämlich aus Ihrer Maschinerie, aus Ihren Ohnmachtssätzen, heraus. Sie werden sich bewußt, daß Sie nur das tun, was Sie wirklich wollen.

– Verabschieden Sie sich von der Vorstellung, daß Sie alles gleich können müssen, daß Sie keine Rückschläge haben dürfen. Schreiben Sie sich an Ihren Spiegel den Satz: *Ich tue das, was ich tue, so gut ich es heute kann.* Das kann besser sein als gestern, aber auch schlechter.

»Ich würde ja gern, aber ...«

Zu Tante Annas Geburtstag würde ich ja auch gern gehen. Aber noch lieber gehe ich auf Herberts Party. Da ist wenigstens etwas los. Da muß ich nicht den ganzen Abend mit Leuten reden, die mich sowieso langweilen.

Ich würde auch gern Chefredakteurin sein, die Puppen mal nach meiner Pfeife tanzen lassen. Aber wissen Sie was? Wenn ich mir vorstelle, jeden Morgen pünktlich um neun Uhr auf der Matte zu stehen (und Pünktlichkeit ist nicht gerade meine Spezialität) oder abends selten vor acht aus dem Laden zu kommen ... Wenn ich mir ausmale, daß ich im Sommer nicht mehr einfach so mitten am Tag zum Baden fahren oder spontan mit einer Freundin einen Kaffee trinken gehen kann – also dann verzichte ich lieber auf die Piepen, auf die Ehre und darauf, aus diesem oder jenem Käseblatt eine vernünftige Zeitschrift zu machen. Das ist es mir einfach nicht wert.

Ich kenne eine Menge Leute, denen es ähnlich geht: Trixi würde schon seit Jahren gern aus ihrer Bronxbude ein schickes Appartement zaubern. Zugegeben, das würde ein paar Mark kosten, und die legt Trixi nun mal lieber in tollen Klamotten an. Ich will ihr nicht zu nahe treten, doch so ein bißchen habe ich den Eindruck, daß sie denkt, in teurer Aufmachung lernt man tolle Typen kennen. Und einer von denen holt sie schon eines Tages aus ihrer Absteige in sein Penthouse oder in seine Villa. Könnte ja klappen. Ich drücke Trixi die Daumen. Dann hört wenigstens ihr ewiges Gejammer auf.

Stefan dagegen würde so wahnsinnig gern Regisseur werden. Aber irgendwie hat sich alle Welt gegen ihn verschworen. Wenn man Stefan zuhört, könnte man glauben, die Mafia hat ihre Finger auch noch in der

Theaterszene. Nicht, daß sie an jedem kleinen Stadttheater mitmischen würde, aber Angebote aus der Provinz lehnt Stefan ab. Er ist doch nicht der Typ, der sein Talent verschleudert. Deshalb kassiert er jetzt Arbeitslosengeld und jammert, daß es vorn und hinten nicht reicht.

Er würde mittlerweile auch gern jobben. Aber in seiner Stammkneipe brauchen sie zur Zeit keinen Barmann. Und in jeder x-beliebigen Pinte kann so ein sensibler Mensch wie er einfach nicht schuften. Obwohl er ja wirklich gern würde ... sagt er. Nicht, daß da einer auf die Idee kommt, Stefan wäre nur phlegmatisch, er würde einfach seinen im Jammertran schlapp gewordenen Hintern nicht hochkriegen und doch lieber auf dem Sofa lümmeln und gute Bücher lesen. Nein, so ist es nicht! Aber ...

Achim würde in seinem Alter nun auch endlich einmal gern eine Frau finden. Es muß nicht unbedingt gleich eine fürs ganze Leben sein, diese Vorstellung graust ihn, aber für ein paar Jahre vielleicht. Nur so richtig tolle Frauen, solche , die ihn vom Hocker reißen würden, die gibt es nicht, meint Achim. Die eine ließ ihn leider Zeuge dabei werden, wie sie sich die Fußnägel schnitt – reißt einen Mann so was vom Hocker? Die andere wollte nach drei Monaten Love affair mit ihm in Urlaub fahren. Tja, daß Frauen sich auch immer wie die Kletten an einen Mann hängen müssen! Die dritte wäre es vielleicht gewesen. Da riß es Achim tatsächlich vom Hocker, als sie sich mit einem anderen verlobte.

Merken Sie, wie faul der Trick ist? Irgendwie steht einfach jeder besser da, wenn er gern würde, aber ... Wer gibt schon gern zu, daß er keine Lust hat, eine langweilige, alte Tante zu besuchen, oder daß er zu faul ist, fünfzig Stunden und mehr in der Woche zu arbeiten. Wer gesteht schon, daß er zu arrogant ist, um mit kleinen Schritten anzufangen, wenn er Großes erreichen will, und daß ihm die Suche nach tollen Frauen mehr Spaß macht als das Finden. Ich kenne keinen Workaholic, der öffentlich kundtun würde, daß er ein machtbesessenes Schwein ist. Alle schuften sich nur für die Firma, die Familie oder die Hypothek auf ihrer Jugendstilvilla kaputt.

Jeder muß immer und irgendwie was anderes tun, als er eigentlich will. Der eine würde sich so gern musischen Interessen widmen (Das kommt enorm gut an!), aber der Job frißt ihn halt auf. In gewissen Kreisen ist es ein Fauxpas zuzugeben, daß einen Malerei des 19. Jahrhunderts langweilt und Bücher über 300 Seiten die beste Einschlafhilfe sind.

Ich habe es selbst einmal probiert: Auf einem Fest bei kunstbeflissenen Freunden hielt mir mein Tischnachbar einen Vortrag über eine Nachwuchskünstlerin, von der ich noch nie ein Bild gesehen hatte. Nach etwa einer halben Stunde entging ihm meine mangelnde Aufmerksamkeit nicht mehr, und er fragte mich höflich, wofür ich mich interessiere. Wahrheitsgemäß antwortete ich: »Popmusik«. Mein Tischnachbar hielt das für eine Frechheit und wandte sich prompt der Dame an seiner anderen Seite zu.

Die Welt will belogen werden! Jede Entschuldigung geht runter wie Öl, wenn man weiß, daß der andere nur nicht so kann, wie er will. Die Pistole in seinem Nacken, die ihn zu seinem Tun oder Nichttun zwingt, kann im Zweifelsfall alles sein: von der schlechten Merkur-Bestrahlung in diesen Wochen bis hin zur sprichwörtlichen Migräne.

Krankheit ist übrigens die mit Abstand erfolgreichste Entschuldigung. Sie nimmt den anderen wirklich jedes Druckmittel aus der Hand. Was soll denn einer da noch sagen, wenn der andere ermattet zu Bette liegt? Etwa: »Stell' dich nicht so an«. Das ist ein bißchen herzlos, oder? Krankheit kann natürlich viele Ursachen haben. Aber ich bin sicher, sie dient häufig auch dazu, sich vor Unangenehmem zu drücken.

Eine meiner Freundinnen bekommt seit Jahren fast an jedem Wochenende einen Migräneanfall. Ausgerechnet prompt an den Wochenenden, an denen ihr Lebensgefährte gemeinsame Ausflüge geplant hat, die regelmäßig einen Aufbruch in aller Herrgottsfrühe verlangen. Halb im Scherz sagte ich neulich einmal: »Also, wenn mich einer am Samstag um sechs aus dem Bett jagen wollte, dann bekäm' ich auch Migräne«. Das verdutzte Schweigen der beiden zeigte mir, daß ich wohl den Nagel haarscharf auf den Kopf getroffen hatte. Lieber eine Migräne haben, als ein Spielverderber zu sein und sich den Zoff mit dem Partner anzutun! Eine äußerst raffinierte Taktik, die mir nicht nur in den Augen der anderen, sondern auch in den eigenen die Illusion verschafft, im Grunde keine Verantwortung für mein Tun zu tragen. Bin ich etwa schuld, daß ich soviel Schlaf brauche und deshalb morgens selten pünktlich bin, was einen Job als Chefredakteurin definitiv verhindert? Vielleicht traue ich mir den aber auch gar nicht zu? Vielleicht habe ich schlicht Angst davor, kläglich zu versagen. Aber bevor ich mir das eingestehe, schlafe ich lieber noch eine Runde. – Irgendwo habe ich einmal gelesen, daß Zwillinge tatsächlich mehr Schlaf brauchen als andere Sternzeichen. – Sehen Sie, wenn man will, kann man immer recht haben!

Das Ja-aber-Spiel und seine Spielregeln

Das Ja-aber-Spiel ist eine perfekt funktionierende Methode, andere und sich selbst einzulullen. Als rhetorische Technik ist es so unschlagbar, daß kaum ein Buch oder ein Seminar über die Kunst der überzeugenden Rede ohne das Ja-aber-Spiel auskommen kann. Rein formell bestätigt es den anderen; man sagt schließlich »ja«. Und so ein »Ja« hört jeder einfach lieber als ein »Nein«. Dann kommt der große Haken: das »Aber«.

Weil einem dieses »Aber« jedoch so gut geschmiert serviert wird, ist man sehr leicht in Versuchung, das »Nein« mit einem Lächeln auf den Lippen zu schlucken. Denn »ja, aber« heißt weniger schönfärberisch gesprochen schlicht »Nein«. Nur das hört nun einmal niemand so gern wie ein »Ja«. »Gehst du für mich kurz auf die Post?« – »Ja, aber ich muß Schularbeiten machen.« – »Findest du, daß mir dieses Kleid steht?« – »Ja, aber es macht dich um die Hüften herum ein bißchen fett, und die Farbe ist zu fad für dich.« – »Möchtest du mich heiraten?« – »Ja, aber meine Familie ist dagegen.« – »Kannst du mir beim Umzug helfen?« – »Ja, aber an diesem Wochenende bin ich auf einer Schulung.«

Mit dem Ja-aber-Spiel ist man wunderbar aus dem Schneider. Man muß ja: schuften, auf die Familie Rücksicht nehmen oder sich weiterbilden und kommt angeblich deshalb nie dazu, die Dinge zu tun, die man eigentlich tun will. Das erlaubt einem einerseits, ein paar Illusionen über sich selbst aufrechtzuerhalten: Eigentlich wäre ich ja eine große Romanschriftstellerin, wenn ich für meine Miete nicht diese Artikel schreiben müßte. *Andererseits macht einen das Ja-aber-Spiel zum perfekten Opfer.* Nicht ich bin der Täter meiner Taten, sondern ich fühle mich gezwungen, so zu handeln, wie ich handle.

Doch da steht keiner mit der Pistole hinter mir, der mich zu irgend etwas zwingen würde. Ich bilde mir nur ein, ich hätte keine andere Wahl. Das ist mein Beitrag. Ein Beitrag, der die bequemste Möglichkeit bietet, keine Verantwortung für mich selbst zu übernehmen.

Die anderen sind schuld, die Umstände, die »Sachzwänge«. Die führen auch manche Politiker gern an, wenn sie ihre Wahlversprechen nicht einlösen wollen. So bleiben sie scheinbar integre Menschen, die ihre Wähler selbstverständlich nie betrügen würden. Die Sachzwänge machen es nur unmöglich, daß sie ihr Versprechen halten.

Doch jeder hat die Wahl, sich zu entscheiden. Das bedeutet allerdings, daß man irgend etwas anderes aufgeben muß.

Ursprünglich kommt der Begriff »entscheiden« von »sein Schwert aus der Scheide ziehen«. Wer sich für etwas entscheidet, »tötet« etwas anderes. Kein Mensch kann auf zwei Hochzeiten gleichzeitig tanzen. Wer viel verdient, der zahlt auch hohe Steuern. Was soll also das Gejammer?

Wer weltberühmt ist, der wird nun einmal angegafft, wenn er über die Straße geht. Wer sich mit Arbeit zuschüttet, der braucht sich nicht zu wundern, wenn sich seine Frau einen Liebhaber nimmt. Und wer sagt: »Ich würde ja gern, aber ...«, der hat keine Lust, den Preis zu zahlen, den jede Entscheidung verlangt.

Wie der fast vierzigjährige Ingenieur, der immer noch bei seiner Mutter lebte, aber so gern eine eigene Wohnung gehabt hätte: Er wollte nicht mit seinem schlechten Gewissen leben, seine Mutter im Stich gelassen zu haben. Auch Schuldgefühle können der Preis fürs Entscheiden sein. Jedenfalls solange man sich noch nicht klargemacht hat, daß jeder die Verantwortung für sein Leben selbst trägt. Auch eine Mutter, die mit Selbstmord droht, wenn ihr Sohn sie verläßt.

Letztendlich entrichten Ja-aber-Spieler jedoch einen viel höheren Preis, als jede Entscheidung sie kosten würde. Sie bezahlen mit ihrem Selbstvertrauen, mit ihrer Eigenmacht. Sie sind ja nur noch hilflose Marionetten. So führt der Ja-aber-Beitrag direkt in die Neurose. Neurosen sind Störungen, bei denen zwei (oder mehrere) starke Handlungstendenzen sich gegenseitig ausschließen. Zum Beispiel das Bedürfnis nach Sex und die neurotische Angst vor AIDS. Jemand, dessen Ängste nicht neurotisch sind, der würde zum Beispiel Kondome benutzen. Ein Neurotiker würde möglicherweise den Partner bespitzeln, ob er tatsächlich treu ist, oder er läßt jede Woche eine AIDS-Test machen.

Im Grunde sind Neurosen nichts anderes als der unmögliche Versuch, den legitimen Schmerz des Lebens auszuklammern und alles umsonst zu bekommen. Der Ja-aber-Spieler will alles umsonst. Und dafür entschuldigt er sich ständig.

Er hat ein wichtiges Gesetz nicht begriffen: **Wer lebt, der stört.** Ein Auftrag, den ich bekomme, ist auch immer einer, den ein anderer nicht erhält. Die Wohnung, in der ich lebe, ist gleichzeitig eine, für die alle anderen Mitbewerber abgelehnt wurden. Mein Platz in der U-Bahn ist für alle anderen besetzt. Der Müll, den ich produziere, belastet die Umwelt noch mehr. Selbstmord ist die einzige Möglichkeit, vor diesem »Gesetz des Störens« zu kneifen. *Niemand kann es jedem anderen und sich selbst gleichzeitig recht machen. Niemand kann von allen geliebt werden.*

Und »mein Stern« könnte einer sein, den ich einem anderen wegnehme (Doch zum Glück gibt es unendlich viele Sterne). Ein Ja-aber-Spieler allerdings wird nie zu seinem Stern kommen. Er geht gar nicht erst auf die Leiter herauf, weil das ja bedeuten würde, die Erde zu verlassen. Und etwas aufgeben, das ist nicht seine Sache.

....

Achtung! Aus dem Ja-aber-Spiel
auszusteigen tut weh!

Wer aus dem Ja-aber-Spiel aussteigen will, der sollte mit einem unbedingt rechnen: Zunächst werden manche Leute ziemlich sauer sein! Was waren Sie doch für ein nettes Ding, bis Sie angefangen haben, laut und deutlich »nein« zu sagen, wenn Ihnen etwas nicht paßt! Ja, damals waren Sie noch ein anschmiegsames Geschöpf. Nun gut, Sie haben sich ziemlich oft davor gedrückt, mit Ihrem Freund zu schlafen, aber dafür hatte doch jeder Verständnis. Ihr Job hat sie immer so müde gemacht. Sie haben mir sehr leid getan.

Meinen Sie nicht, daß es ein bißchen hart war, Ihrem netten Freund zu sagen, daß Sie grundsätzlich keine Lust mehr auf ihn haben? Und daß Sie die Nase voll davon haben, ständig nach neuen Ausreden zu suchen? Der war ganz schön fertig, der Arme. Sie sind die Lügen leid? Sie finden, daß Unaufrichtigkeit und Lieben eine ziemlich krank machende Kombination ist? Ziemlich eigennützig, was? Also wir werden uns das gut überlegen, ob wir Sie noch einmal zu uns einladen! Das Mitleid, das wir mit Ihnen hatten, das haben Sie verspielt. Aber Sie wollen es ja nicht anders!

Und als Ihre zweitbeste Freundin Sie gebeten hat, ihr das nagelneue Kleid zu leihen, haben Sie auch »nein« gesagt! Früher hätten Sie sich da etwas Netteres einfallen lassen: Hätten ihr gesagt, das Kleid ist zum Ändern in einer Schneiderei oder es ist in der Reinigung. Die Freundin werden Sie auch noch verlieren, wenn Sie so weitermachen. Sie pfeifen auf Freunde, die Sie eh nur ausnutzen wollen? Na, prost Mahlzeit! Wenn Sie meinen, daß Sie sich das leisten können!

Sie haben keine Lust mehr, anderen etwas vorzumachen? Wenn Sie so ehrlich sind, na gut, dann packen wir jetzt auch mal aus! Wir hatten schon lange den Verdacht, daß mit Ihnen etwas nicht stimmt. Ich ja weniger, aber Karl-Theo. »Hör' nicht mehr auf sie«, hat er oft gesagt. »Die kann man doch nicht ernst nehmen! Immer sagt sie, sie würde ja so gern zu uns rausfahren, aber die Arbeit. Tatsache ist doch: Sie hat uns höchstens zweimal im Jahr besucht. Wer wirklich gern will, der kommt auch.« Karl-Theo hat den Braten gerochen. Jetzt weiß ich auch, daß Sie gar nicht wollten! Wahrscheinlich gehen wir Ihnen auf die Nerven! Ich wollte das ja nicht so wahrhaben. Das hätten Sie uns aber doch sagen können. Also, einem so Sand in die Augen zu streuen, finde ich nicht in Ordnung. Und Ihrem Freund wollen Sie auch keinen Sand mehr in die Augen streuen? Ja, wenn Sie das so sehen …

Aufwärm-Übungen für alle, die aus dem Ja-aber-Spiel aussteigen wollen

– Hören Sie auf Ihre innere Stimme, aber gehorchen Sie ihr nicht! Wie oft sagt Sie Ihnen:»Mist, daß ich jetzt ins Büro fahren muß, ich würde viel lieber zum Baden gehen.« Machen Sie sich klar, daß Sie jetzt lieber ins Büro wollen. Das Badegehen würde Ihnen nämlich keinen großen Spaß machen. Sie hätten ein schlechtes Gewissen, müßten sich auf Ärger in der Firma gefaßt machen usw. Denn: *Jeder lebt, wie er will, alles andere wäre ihm zu teuer.* (Sehen Sie, wie oft Ihnen die vielgepriesene »innere Stimme« etwas Falsches sagt?)

– Wenn Sie wirklich etwas wollen, dann tun Sie es! Denken Sie weniger »Ja, aber …«, sondern öfter »sowohl … als auch«. Sie können zum Beispiel erst ins Büro gehen und später zum Baden. Sie können auf zwei Hochzeiten tanzen, nur nicht auf beiden so lang. Irgendeinen Preis muß man eben zahlen.

– Benutzen Sie keine Ausreden mehr. Wenn Sie zu spät kommen, reicht es zu sagen: »Es tut mir leid, daß Sie auf mich warten mußten.« Wenn Sie eine Einladung nicht annehmen wollen, seien Sie ehrlich und sagen: »Ich möchte lieber meine Arbeit fertig machen«. Wenn Sie sich immer wieder klarmachen, daß Sie der Täter Ihrer Taten sind und nicht das Opfer einer Situation, werden Sie automatisch selbstbewußter.

– Sie können ehrlich sein, ohne anderen weh zu tun. Wenn Sie etwas nicht wollen, was man von Ihnen erwartet, erklären Sie, warum Sie etwas anderes wollen. Angenommen, Ihre Eltern möchten Sie besuchen, und Ihnen paßt das nicht. Wenn Sie sagen: »Ich würde am Sonntag lieber mit Peter allein sein«, klingt das viel weniger verletzend, als wenn Sie sagen: »Ich möchte euch am Sonntag nicht sehen.« Voraussetzung für solche Formulierungen ist allerdings, daß Sie nicht nur wissen, was Sie nicht wollen, sondern daß Sie wissen, was Sie wollen.

4. KAPITEL

»Mein Mann ist so gemein zu mir«

Ein gemeiner Mann ist ein unbezahlbarer Schatz auf dieser Welt: Nie fühlt sich eine Frau edelmütiger, charaktervoller, geduldiger und aufopferungsvoller als an der Seite eines gemeinen Mannes. In der Ehe mit einem nahezu perfekten Exemplar stünde sie ziemlich mickrig da. Die Gefahr wäre groß, daß andere sich fragen: »Warum bleibt dieser Supermann nur bei *dieser* Frau?«

Ein gemeiner Mann erspart seiner Frau diese Schlappe. Da sagen die anderen: »Eigentlich hat sie was Besseres verdient.« Und wer hört das nicht gern. Da kommt es dann auch nicht mehr so knapp darauf an, ob sie tatsächlich eine tolle Frau ist oder nicht. Verglichen mit dem gemeinen Kerl schneidet sie allemal besser ab. Der soll mal froh sein, daß er sie hat, und nicht auch noch zu meckern anfangen. Wo kämen wir denn da hin?

Im Gegensatz zu vielen anderen Frauen hat die Lebensgefährtin eines gemeinen Mannes ein großes Plus: Sie weiß genau, wie ein Mann zu sein hat. Sie hat glasklare Erwartungen und Zielvorstellungen. Jedenfalls, was das Leben ihres Mannes angeht. Ob sie auch für ihr eigenes Leben so eindeutige Ziele hat? Aber wie denn, was denn? Sie ist doch die ganze Zeit damit beschäftigt, aus dem Versager, dem Trinker oder dem rücksichtslosen, gemeinen Mann einen anständigen Partner zu machen. An sich selbst zu denken, dazu kommt sie ja gar nicht vor lauter Ärger mit ihm. Die Arme!

Und wie sie bedauert wird! Nein, so böswillig bin ich nicht, daß ich behaupte, ihr würde genau das gefallen. Sicher fühlt sie sich erleichtert, wenn sie bei ihren Freundinnen mal wieder so richtig das Herz ausschütten konnte – von Frau zu Frau. Aber sie genießt es natürlich überhaupt nicht, so einen gemeinen Mann zu haben. Wenn das noch lange so weitergeht, wird sie ihn eines Tages verlassen, das hat sie auch ihm schon gesagt. Doch ob sie das schafft? Die gute Seele hängt doch so an ihm. Sie hofft immer noch, daß er sich bessert. Versteht man ja auch, daß sie die ganzen Jahre nicht umsonst investiert haben will.

Manchmal sieht es so aus, als ob er sich tatsächlich ändern würde. Er bringt ihr Blumen mit, geht auch mal mit dem Kind in den Zoo oder hilft im Haushalt. Aber lange hält das nie vor. Sie kann ihm doch nicht jeden Tag eine Szene machen, nur damit er spurt. Das geht doch auch an ihre Nerven. Im Grunde wird er immer schlimmer. Jetzt redet er schon kaum noch mit ihr. »Das lohnt sich ja doch nicht«, hat er zu ihr gesagt. »Wir streiten sowieso nur.« Wenn das nicht gemein ist! Er kommt nach Hause, hockt sich vor den Fernsehapparat und sagt dann keinen Ton mehr. Oder geht gleich in seinen Sportclub. So etwas kann eine Frau doch nicht aushalten. Daran geht sie doch kaputt.

Bei der miesen Reklame, die sie für ihren Lebensgefährten macht, kann die Frau des gemeinen Mannes ziemlich sicher sein, daß ihn so schnell keine andere übernehmen will, jedenfalls keine im näheren Umkreis. Sie könnte natürlich das Pech haben, daß er eine Frau kennenlernt, zu der seine schlechte Publicity noch nicht durchgedrungen ist. Und die es gar nicht so gemein findet, wenn ein Mann drei Abende in der Woche in seinem Fußballverein verbringt und ab und zu mal einen über den Durst trinkt, oder welche Gemeinheit auch immer sich ein Mann einfallen lassen kann, um seine Frau zu ärgern.

Sehr wahrscheinlich ist es allerdings nicht, daß der gemeine Mann schnell das Weite sucht. Denn er hat Schuldgefühle und klebt dadurch fester an seiner Gefährtin als Kaugummi an einem Angorapulli. Wenn sie ihm nur lange genug Vorwürfe macht, wehrt er sich nicht mehr gegen die Rolle des gemeinen Mannes, sondern füllt sie mit oscarverdächtiger Bravour aus. Warum soll er sich noch anstrengen? Er hat es ausprobiert – in ihren Augen ist er gemein.

Einer dieser gemeinen Kerle, der es in acht Jahren Ehe nicht geschafft hat, so viel Geld zu verdienen, daß seine Frau endlich ihren Job an den Nagel hängen konnte (»Auf meinem Rücken macht er sich ein leichtes Leben!«) hat sich mal bei mir ausgeweint. Seit er tatsächlich langsam Erfolg hatte, änderte seine Frau den Vorwurf und beschuldigt ihn, mit anderen Frauen zu schlafen. »Jetzt habe ich es sogar mal gemacht. Und ich fühle mich besser dabei«, sagte er. »Wenigstens hat sie nun recht, wenn sie es mir vorwirft.« Auch so kann es laufen.

Vielleicht ist es ein wenig indiskret, an dieser Stelle zu sagen, daß sie während dieser acht Jahre nicht ganz so treu war wie er. Ein gemeiner Kerl ist eben die beste Entschuldigung! Wenn er so gemein ist, dann kann ich schließlich auch … Und wenn er es bisher noch nicht war, dann rede ich es ihm so lange gründlich ein, bis wir beide dran glauben.

Um einen Mann so gemein zu kriegen, wie man ihn haben will, empfiehlt es sich, ihn möglichst oft mit Mustermännern zu vergleichen: Lisa hat von ihrem Mann ein Brillantkollier zu Weihnachten bekommen. Trudis Freund bringt ihr jeden Morgen das Frühstück ans Bett. Walter würde es nie zulassen, daß sich seine Gerti kaputtarbeitet. Er hat ihr jetzt eine Putzfrau spendiert. Leo nimmt sogar soviel Rücksicht, daß er auf seine geliebten Zwiebeln verzichtet, weil Nina diesen Mundgeruch nicht ertragen kann. Und du gemeiner Kerl hältst es noch nicht einmal für nötig, dir etwas Gescheites anzuziehen, wenn wir schon mal ausgehen! Deine Blumen von gestern kannst du dir an den Hut stecken! Das ist doch nur das schlechte Gewissen. Von dir aus kämst du doch nie auf die Idee, mir was mitzubringen! Aber wenn man jemandem schon so etwas sagen muß, dann ist es doch nichts mehr wert. Freiwillig tust du doch nichts für mich. Ich sollte es mal abwarten. Da könnte ich doch schwarz werden!

Fazit: Es gibt kaum eine bessere Methode, leichter recht zu haben, als das Du-bist-gemein-Spiel.

Das Du-bist-gemein-Spiel und seine Spielregeln

Unser erstes Spiel, zu dem unbedingt zwei Mitspieler gehören. (Fortgeschrittene können die Variante Das-Leben-ist-so-gemein-zu-mir allerdings auch allein spielen.) Der erste Spieler spielt die Rolle des Staatsanwalts oder der Staatsanwältin. Dazu braucht man eine klare Vorstellung von Recht und Ordnung: das Gesetzbuch. Darin steht, wie andere Menschen sich verhalten müssen, damit das Urteil »gemein« gefällt werden kann.

Der zweite Spieler ist der oder die Angeklagte. Formal hat zwar jeder das Recht, sich selbst zu verteidigen, aber der Staatsanwalt weiß: Wer sich verteidigt, klagt sich an. Deshalb ist es für den Angeklagten besser, weil strafmildernd, wenn er von vornherein die ganze Schuld auf sich nimmt. Außerdem würden Verteidigungsreden des Angeklagten den Prozeß nur ungebührlich in die Länge ziehen. Das kostet unnötige Kraft und hält von der eigentlichen Aufgabe des Prozesses ab: dem Angeklagten hieb- und stichfest nachzuweisen, wann, wo und wie er sich gemein verhalten hat. In seltenen Fällen sieht der Staatsanwalt von einer Bestrafung des Angeklagten ab.

Um selbst nicht arbeitslos zu werden, wartet der kluge Anwalt manchmal lieber auf eine weitere Verfehlung des Angeklagten. Folgeprozesse sind sowieso interessanter, weil man zu den neuen Schandtaten auch noch die alten aufwärmen kann.

Eine Besserung des Angeklagten, eine Resozialisierung, ist übrigens nicht beabsichtigt. Sie würde das endgültige Ende des Spiels bedeuten. Der Staatsanwalt wäre seinen wichtigen Job los. Und der Angeklagte ist an seine Rolle schon so gewöhnt, daß er sich mit einer anderen schwertun würde. Strafen dienen also im Du-bist-gemein-Spiel allein der Sühne, nicht der Änderung der Situation (Rache verüben nur moralisch minderwertige Angeklagte, nie aber so ehrenwerte Personen wie Staatsanwälte). Manchmal werden Strafen zwar als erzieherische Maßnahmen getarnt, damit der Angeklagte motivierter ist, sie auf sich zu nehmen und nicht etwa renitent wird. Renitenz zählt zu den Kapital-Gemeinheiten. In schweren Fällen, zum Beispiel wenn der Angeklagte den Staatsanwalt verläßt, führt sie zum sofortigen Abbruch des Spiels, weil sich der Angeklagte disqualifiziert hat. Für den Staatsanwalt ist das ein schweres Problem: Er muß sich einen neuen Angeklagten suchen.

Findet er so schnell niemanden, gerät er in eine Identitätskrise: Er fühlt sich wie ein König ohne Land und Untertanen. Die viele überflüssige Zeit und Energie, die er jetzt hat, könnte ihn – rein als Gedankenspiel – zu der Überlegung führen, wie gesetzestreu er selbst bisher gelebt hat. Bei seinen strengen Normen allerdings ist es sehr wahrscheinlich, daß das Ergebnis zu seinen Ungunsten ausfallen wird. So macht er sich zu seinem eigenen Angeklagten. Eine tragische Zwickmühle, der er erst entweichen kann, wenn er sein Gesetzbuch überprüft oder es am besten gleich zur Altpapiersammlung gibt.

Aus dem Altpapier könnte man dann wenigstens noch ein anderes, sinnvolleres Buch drucken, das den Menschen nicht vorschreibt, wie sie zu sein haben, sondern das sie einander näherbringt und sie glücklicher werden läßt. Der Titel könnte heißen: »*Jeder ist ein strahlender Stern*«. Die Personen, die darin vorkommen, tun zwar manchmal etwas, das einem anderen nicht unbedingt gefällt, aber nicht, weil sie ihn damit ärgern und gemein zu ihm sein wollen. Sondern weil ihnen diese Dinge Spaß machen und weil sie sie zu ihrem Glück brauchen.

Die Menschen in diesem neuen Buch erwarten auch gar nicht, daß andere immer hundertprozentig verstehen, warum sie so gern mal eine

Nacht durchmachen, tagelang in ihrem Hobbykeller basteln oder ein viel zu teures Auto fahren. Aber sie erwarten, daß niemand ihnen ihren ganz persönlichen Spaß verdirbt. Dafür lassen sie dann auch die anderen so sein, wie sie sind.

Und wenn die Leute in diesem Buch einander trotzdem einmal unerträglich finden sollten, dann haben sie sich geschworen, einander aus dem Weg zu gehen. Denn sie wissen, daß es auf die Dauer alle noch viel unglücklicher macht, wenn man seine eigenen Vorstellungen von einem glücklichen Leben verrät. Das Seltsame ist nur: Kaum einer geht einem anderen tatsächlich aus dem Weg. Es ist ja kein Staatsanwalt da, der sie bestrafen könnte, und somit hat auch keiner Angst davor, über noch so verrückte Gedanken zu reden. Dadurch haben die »strahlenden Sterne« einen großen Austausch miteinander. Das bringt sie einander sehr nah, und keiner fühlt sich einsam, im Stich gelassen oder gemein behandelt. Die Leute in dem Buch haben begriffen, daß wir »gemein« immer die nennen, die sich nicht so verhalten, wie wir es wollen. Sie finden, daß es eine unsinnige Zeitverschwendung ist, sich ständig über andere aufzuregen. Sie meinen, diese Energie könne man effektiver nutzen. Zum Beispiel für die ersten Schritte in Richtung auf das eigene Glück.

. . . .

Wie Sie aus dem Du-bist-gemein-Spiel aussteigen können

Auch der Ausstieg aus diesem Spiel kostet Überwindung. Schließlich war es bisher ja ganz bequem, einen Schuldigen in der Nähe zu haben, den man für sein unglückliches Leben verantwortlich machen konnte. Es ist deshalb damit zu rechnen, daß man nach Beendigung des Du-bist-gemein-Spiels zum erstenmal deutlich sieht, wie man selbst sein Glück verhindert hat – und das tut weh.

Es gibt zwei verschiedene Möglichkeiten, aus dem Spiel auszusteigen. Der Beitrag »Du bist gemein« läßt sich entweder dadurch verändern, daß man das »Du« herausstreicht, oder dadurch, daß man das Wort »gemein« entfernt. Die erste Methode ist gefährlich. Sie verführt dazu, mit einem neuen »Du« das alte Spiel aufzugreifen oder aus dem »Du« ein »Ich« zu machen. Selbstanklagen und Schuldgefühle verhindern aber eine Veränderung. Sie ketten einen an die Vergangenheit. Wandlungen jedoch finden in der Gegenwart und in der Zukunft statt.

Deshalb ist es empfehlenswerter, den Beitrag »gemein« zu ändern. Dafür gibt es mehrere Möglichkeiten: »Du bist gemein« könnte man zum

Beispiel austauschen gegen »Manche Dinge, die du tust, sind für dich o.k. Mich ärgern sie«. Oder man ersetzt »gemein« durch eine positive Eigenschaft, zum Beispiel rücksichtsvoll, zärtlich, ein guter Liebhaber. Da Menschen die Tendenz haben, sich so zu verhalten, wie es andere von ihnen erwarten, gibt man einem anderen durch diese Beiträge tatsächlich die Chance, rücksichtsvoller, zärtlicher oder ein besserer Liebhaber zu werden. Man lobt den anderen sozusagen im voraus.

Das funktioniert jedoch nur, wenn man selbst wirklich daran glaubt. – Als sinnlose Beschwörungsformeln bleiben solche neuen Beiträge nämlich wirkungslos. Manchmal kann man sich einen neuen, positiven Beitrag selbst nicht abnehmen. Zum Beispiel, wenn der Mann ein schwerer Alkoholiker oder ein notorischer Aufreißer ist, das heißt, wenn er sich seiner Sucht ausgeliefert hat und sie ihn dirigiert. In solchen Fällen ist es ganz besonders wichtig, zu seinen eigenen Glücksvorstellungen zu stehen und die Augen nicht vor der Realität zu schließen.

Die Realität sieht so aus: Niemand anderer kann einem Süchtigen helfen, aus seiner Abhängigkeit herauszukommen als er selbst. Wenn Sie mutig genug sind, ganz klar zu sehen, was mit Ihrem Partner los ist, und wenn Sie eine deutliche Vorstellung von einem lebenswerten Leben für sich selbst haben, wird es Ihnen gelingen, aus einer Beziehung auszusteigen, die Sie kaputtzumachen droht.

Das Dilemma vieler Menschen besteht darin, daß sie unseriös leben. Irgendwann einmal haben sie klare Definitionen von der Liebe gehabt. Dann leben sie mit jemandem zusammen, der ganz andere Vorstellungen hat. Das gemeinsame Leben kann nur dann klappen, wenn beide Partner ihre Denkmodelle einander angleichen. Nicht aus Angst, sonst den anderen zu verlieren, sondern von ganzem Herzen, aus voller Überzeugung. Manche Menschen streiten jedoch nur darüber, wessen Definition die richtige ist, und werden dabei immer unglücklicher.

»Mut zum Glück« bedeutet deshalb auch, seine eigenen Definitionen von »Liebe« zu leben. Und zwar nicht, indem man gegen die Vorstellung des anderen kämpft (dann wäre man voll im Rabattmarkenkleben für »unglückliche Liebe«), sondern indem man jemanden sucht, der ähnliche Ideale hat.

Erste Schritte für alle, die mit dem Du-bist-gemein-Spiel aufhören wollen

– Machen Sie sich zum Zeugen Ihrer Bewertung. Sie werden feststellen, daß Sie Menschen fast immer irgendwie bewerten. Setzen Sie sich zum Beispiel in ein Café, und beobachten Sie die Leute. Lassen Sie die Gedanken einfach zu, die dabei in Ihnen hochkommen. Sie werden merken, daß Sie ununterbrochen Beiträge produzieren. Da Sie sich so zum Zeugen Ihrer Bewertung machen, haben Sie Macht über diesen Automatismus. Sie werden sich bewußt, daß zum Beispiel Ihre Vorstellungen von Schönheit nicht die anderer sind. Freuen Sie sich an der Vielfalt!

– Kratzen Sie Ihr unbeflecktes Selbstbild ein wenig an, und seien Sie selbst gemein! Tun Sie also etwas, das nach Ihrem Wertekatalog eine Gemeinheit ist (eine Verabredung nicht einhalten, das Lieblingsrasierwasser Ihres Partners in den Ausguß schütten usw.). Das nimmt Ihnen die Illusion Ihrer moralischen Überlegenheit. Ihrem Partner geben Sie dadurch die Chance, sich auch einmal über Ihre Gemeinheiten aufzuregen. Überziehen Sie das Spiel aber nicht!

– Schreiben Sie sich drei positive Eigenschaften Ihres Partners auf, und erwähnen Sie diese so häufig, wie Sie früher »Du bist gemein« gesagt haben. Diesen Satz sagen Sie von nun an nicht mehr, auch wenn Sie ihn manchmal noch denken sollten. Sobald Sie sich darüber klar sind, daß Sie zwar »gemein« denken, Ihr Partner es deshalb aber nicht ist, weil er seine Taten in einem anderen Licht sieht, haben Sie sowieso schon den ersten, wichtigsten Schritt getan. Durch Ihre neue Einstellung wird Ihre Beziehung vertrauensvoller und intimer. Denn Sie haben die Rolle des Staatsanwalts aufgegeben.

5. KAPITEL

»Hätte ich das doch nie getan!«

Wäre ich doch bloß an jenem Abend zu Hause geblieben! Aber Ulla wollte mich ja unbedingt zu dieser Ausstellungseröffnung mitschleppen. Hätte ich doch nur nicht so ein weiches Herz. Wenn ich damals nur einmal nein gesagt hätte, hätte ich dich nie kennengelernt und mir dieses ganze Theater mit dir erspart. Wenn ich das alles vorher gewußt hätte, wäre ich nie mit Ulla mitgegangen! Nie! Ich hätte auch nie nach München gehen sollen. Berlin, Berlin, das wäre es gewesen! Diese Stadt ist wirklich eine Metropole. München – ein großes Dorf, das weiß doch jeder. Hier treffe ich nie die Menschen, die eigentlich zu mir passen. Nun hocke ich hier und langweile mich zu Tode.

Und wenn ich an meinen letzten Urlaub denke! Der absolute Reinfall, sage ich Ihnen! Drei Wochen Regen! Und keine Heizung im Hotel, das reinste Grauen. Hätte ich doch bloß Griechenland gebucht. Da war die ganze Zeit ein Superwetter.

Aber ich Trottel mußte ja in die Toskana fahren. Hätte ich doch nur nicht auf Ute gehört! Sie hat mir so von der Toskana vorgeschwärmt. Man soll eben nie auf andere Leute hören.

Und wenn ich damals nicht so dumm gewesen wäre, mein Studium aufzugeben, wo könnte ich da heute stehen! Ein bißchen mehr Durchhaltevermögen, und ich wäre doch längst Frau Doktor. Aber dieser Job, den sie mir damals angeboten haben, der war einfach zu verführerisch. Endlich eigenes Geld, und wieviel gleich! Also da konnte ich ja kaum nein sagen.

Wer damals dieses oder jenes nicht getan hätte, der wäre gut dran. Wer vor zehn Jahren nicht Karl-Heinrich geheiratet hätte, der brauchte sich jetzt nicht abzurackern, um die Raten für die Eigentumswohnung zusammenzukratzen. Statt Karl-Heinrich hätte er einen gutbetuchten Knaben geehelicht (Da war schon der eine oder andere, bei dem man echte Chancen hatte!) und würde heute in einer Villa, was sage ich, in einem Palazzo abhocken. Aber man hat sich ja von Karl-Wilhelms Charme einlullen lassen. Und was hat man nun davon? Nichts. Denn an Charme hat Karl-Wilhelm in den letzten Jahren auch schwer eingebüßt.

Aber was rede ich – uns allen geht es doch ganz genauso! Wären Sie etwa in den Skiurlaub gefahren, wenn Sie vorher gewußt hätten, daß Sie sich die Knochen brechen? Und Sie: Bereuen Sie es nicht schon lange, daß Sie nach dieser Party angetrunken mit dem Auto gefahren sind? Wenn Sie gewußt hätten, daß Sie in eine Polizeikontrolle kommen, Sie hätten doch mit Sicherheit ein Taxi bestellt! Nun sind Sie Ihren Führerschein für eine Weile los. Wie oft haben Sie sich schon gesagt: Hätte ich das doch nie getan!

Fritzi bedauert zum Beispiel heute noch, daß sie damals abgetrieben hat. Nun ist es zu spät für sie, noch ein Kind zu bekommen. Wenn sie das damals gewußt hätte! Aber mit 22 Jahren ist man ja noch so jung und naiv. Heute stellt sie sich oft vor, daß sie schon einen erwachsenen Sohn haben könnte. »Mit dem hätte ich doch jetzt keine Arbeit mehr«, meinte sie neulich. »Mit dem könnte ich jetzt schick ausgehen. Und das Haus wäre voll mit jungen Leuten. Das wäre doch wirklich etwas anderes als meine Katze.«

Hätte ich doch bloß auf die 17 gesetzt, ärgert sich der Roulettespieler, wenn die 17 kommt und nicht seine 29. Wäre ich doch mit dem Zug gefahren, wünscht sich der Autofahrer im Stau. Hätte ich früher nicht so oft in der Sonne gelegen, hätte ich heute noch eine Pfirsichhaut. Hätte ich nicht ständig so viele Klamotten gekauft, dann besäße ich heute ein dickes Bankkonto. Und wenn du ein bißchen mehr Feingefühl hättest, könnten wir bestens miteinander auskommen!

Das Leben wäre ein Paradies, wenn man sich damals und damals und damals nicht so entschieden hätte, wie man hat. Selbstverständlich wäre die Ehe mit einem anderen das reinste Zuckerschlecken. Zweifellos wäre Fritzis Sohn ein Prachtkerl. Und an einem anderen Ort verliefe das Leben mit Sicherheit jeden Tag wie eine große Party.

Woher man das so genau weiß? Aber ich bitte Sie, das ist doch logisch! Das weiß doch wirklich jeder: *Es ist überall dort besser, wo man nicht ist.* Meine Großmutter hat schon immer gesagt: Die süßesten Kirschen hängen in Nachbars Garten. Und diese Petula Clark, diese englische

Sängerin aus den sechziger Jahren, die hat auch immer gesungen: »The other man's grass is always greener, the sun shines brighter on the other side.« Die wußte Bescheid.

Aber wenn es tatsächlich überall dort besser ist, wo man nicht lebt, oder anders ausgedrückt, wenn es immer da am schlechtesten läuft, wo man ist, dann bleibt es im Grunde völlig gleichgültig, wie man sich entscheidet. Denn wie man es auch macht, man macht es immer falsch. Logisch, oder?

Logisch? Man kann es mit der Logik auch zu weit treiben! Beweisen Sie mir doch mal, daß ich in Berlin nicht viel glücklicher wäre als in diesem kleinkarierten München! Das können Sie nicht? Sehen Sie! Aber ich *weiß* es. Sie meinen, ich hätte auch viel unglücklicher werden können? Haben Sie dafür irgendeinen Beweis, nur einen klitzekleinen Anhaltspunkt? Na also, alles Spekulation von Ihnen, alles Spekulation. Ich bin in München unglücklich, das merken Sie doch wohl! Oder meinen Sie etwa, ich hätte diese Frustfalten im Gesicht, weil es mir so gut geht! Hätte ich mich damals für Berlin entschieden, ich würde heute mindestens zehn Jahre jünger aussehen. Das ist keine Spekulation! Das können Sie mir ruhig glauben!

Das Hätte-ich-doch-Spiel und seine Spielregeln

Voraussetzung für dieses Spiel ist eine gewisse Portion Phantasie. Sie wird eingesetzt, um Geschichten nach dem Muster zu stricken »Was wäre gewesen, wenn«. Bedingung ist allerdings, daß alles, was sich der Geschichtenerzähler einfallen läßt, unbedingt *besser* gewesen wäre, wenn er sich an bestimmten markanten Wendepunkten in seinem Leben (zum Beispiel eine Ausstellung zu besuchen) anders entschieden hätte. Denn von da an ging's bergab. Alles, was danach folgte, war nur noch eine Kettenreaktion, die nicht mehr gestoppt werden konnte, meint der Spieler. Er konnte dem Lauf der Dinge nicht mehr Einhalt gebieten, er war absolut machtlos.

Auf diese Weise wird das Hätte-ich-doch-Spiel zu der wirkungsvollsten Depressionsstrategie überhaupt. Denn der Spieler sieht sich selbst als eine tragische Figur, die sich immer falsch entscheidet, die blind in ihr Unglück rennt, das nach einer einzigen Fehlentscheidung seinen Lauf nimmt. Hätte er nämlich die Konsequenzen seiner Entscheidungen geahnt, so hätte er sich selbstverständlich anders entschieden.

Doch selbst aus seinem Unglück zieht der Hätte-ich-doch-Spieler noch einen Nutzen. Seine Fehlentscheidungen von damals sind schuld an seiner Misere. Und diese in die Vergangenheit zurückdatierte Schuldzuweisung ist die Entschuldigung dafür, daß er jetzt sein Leben nicht ändert. Er sieht seine verheerende momentane Lage als Quittung für seine Fehlentscheidungen von damals und weiß, daß er es im Grunde nicht besser verdient hat: »Wie konnte ich damals nur so blöd sein? Jetzt habe ich den Salat!«

Jetzt ist sowieso alles zu spät! Das ist der zweite Lieblingssatz des Hätte-ich-doch-Spielers. Er befreit ihn davon, seine gegenwärtige Situation zu ändern. Soviel hat er schon begriffen, daß man einmal getroffene Entscheidungen nicht mehr rückgängig machen kann. Aber er hat noch nicht kapiert, daß man sich gestern für München entscheiden durfte und heute für Berlin. Wie hat Adenauer einmal im Parlament gesagt: »Was interessiert mich mein Geschwätz von gestern?«

Gestern habe ich dem Spendensammler an der Tür fünf Mark gegeben. Heute steht in der Zeitung, daß er von einer betrügerischen Organisation kam. Ihm gestern Geld gegeben zu haben, war gestern für mich in Ordnung, mit der Information von heute wäre es für mich nicht mehr in Ordnung.

Vor vier Jahren habe ich mich dafür entschieden, meine feste Anstellung aufzugeben. Wenn meine Mutter heute mitbekommt, daß ich manchmal bis spät in die Nacht arbeite, sagt sie mir gern: »Hättest du damals nicht gekündigt, hättest du jetzt schon Feierabend.« Sie hat recht. Daß ich manchmal nachts arbeite, ist der Preis dafür, daß ich erst mittags anfange. *Hätte-ich-doch-Spieler wollen keinen Preis zahlen.*

Der zweite Vorteil, den sie mit ihrem Spiel kassieren: Sie können sich in der Illusion wiegen, daß sich grundsätzlich Schmerz vermeiden läßt, wenn man sich nur richtig entscheidet. Das ist ihnen lieber als die bittere Erkenntnis: There is no free lunch. Oder: *Das Leben ist schwierig.* Das würde sie in die totale Hoffnungslosigkeit stürzen. Mit ihrem Hätte-ich-doch-Spiel können sie sich vormachen, daß es irgendwo ein Hintertürchen mittenrein ins Paradies, in die schmerzfreie Zone geben muß. So sind sie nur die Pechvögel, die es bis jetzt noch nicht entdeckt haben, und werden dafür auch noch bemitleidet.

Die Anteilnahme der anderen ist ihnen sicher. Wie soll man einem Hätte-ich-doch-Spieler irgend etwas vorwerfen können? Er ist ja so voller Selbstanklagen und so einsichtig. Er kann einem wirklich leid tun, der arme Tropf! Konnte er denn ahnen, daß sein Chef sich von dem Meier aus der Buchhaltung so leicht umgarnen läßt? Wenn er das gewußt hätte, hätte er den Alten doch auch mal zu sich nach Hause eingeladen und am Wochenende den Chauffeur gespielt. Außerdem hätte er ihm bestimmt nicht so oft Kontra gegeben. Aber das kann doch keiner wissen!

»Hör mal, Günther«, habe ich zu ihm gesagt. »Jetzt mach dir bloß keine Vorwürfe. Da läßt sich nun auch nichts mehr dran ändern. *Du* hast immer alles richtig gemacht. Der Chef hat da eine eindeutige Fehlentscheidung getroffen.« – Diese Art der Bestätigung durch andere könnte noch ein weiterer Vorteil für den Hätte-ich-doch-Spieler sein. Er hat ja *eigentlich* immer alles goldrichtig gemacht, und die anderen sind schuld. Der Chef hätte doch mal andeuten können, daß er nur Mitarbeiter befördert, die ihm nach dem Mund reden. Und wenn mir Theo vor der Hochzeit gesagt hätte, daß er im Grunde nur eine bessere Putzfrau braucht, dann hätte ich ihn nicht geheiratet. Im Reisebüro hätten die mir auch sagen können, daß es in der Toskana im Mai oft regnet. Das haben sie natürlich nicht, weil sie froh waren, daß sie überhaupt ein paar Leute für das miese Hotel zusammenbekommen haben.

Als Rechthaber hat ein Hätte-ich-doch-Spieler ein unnachahmliches Talent. Keinem geht es schlechter als ihm selbst, keiner hat mehr Pech im Leben, keiner wird so oft aufs Kreuz gelegt. Natürlich tut es ihm auch leid, daß Caroline von Monaco so früh Witwe geworden ist. Aber bei dem Geld, das die hat, ist das auch nicht so schlimm. Wenn mir das passiert, ist das eine Katastrophe von ganz anderem Kaliber! Und wer kümmert sich dann um mich? Keiner! Also um die Caroline braucht man sich wirklich keine Sorgen zu machen. So hübsch und so reich, die findet schon wieder einen!

Nur der Hätte-ich-doch-Spieler selbst schafft es nicht, sein Glück beim Schopf zu packen. Er kann machen, was er will, es ist immer falsch. Versuchen Sie einmal, ihm begreiflich zu machen, daß jeder so lebt, wie er es will, und ihm alles andere zu teuer wäre. Aussichtslos! Seine gesamte Vergangenheit und die Gegenwart ist ein einziger Beweis dafür, daß er mit seinen Taten durch die Bank etwas ganz anderes erreichen wollte. Nicht eine einzige der schrecklichen Folgen seines Tuns konnte er absehen.

Und damit lügt der Spieler noch nicht einmal. Erstens kann tatsächlich kaum einer in die Zukunft schauen. Und zweitens hat er ja vor möglichen Folgen die Augen verschlossen. Wie sollte er da noch etwas sehen? Er hat nicht einkalkuliert, daß Lieben auch die Möglichkeit des Verlassenwerdens einschließt, daß die Folgen *jeder* Entscheidung, die wir treffen, anders aussehen können, als wir es uns gewünscht haben. Auch das ist ein Schmerz im Leben.

Manchmal sind die Folgen unseres Verhaltens wirklich mühsam zu ertragen. Eine Unaufmerksamkeit – und schon haben wir einen Unfall verursacht, bei dem womöglich jemand schwer verletzt wird oder stirbt. Es war nicht unsere Absicht, aber es ist passiert. Das ist gewiß kein Ereignis, über das man achselzuckend hinweggehen kann. Aber der Hätte-ich-doch-Spieler drückt sich im Grunde vor der Verantwortung. Er will sich nicht damit abfinden, daß er diesen Unfall verursacht hat. Das größte Unglück für ihn ist nicht, daß jemand ums Leben gekommen ist, sondern daß er der Verursacher ist. Sein Selbstmitleid übertrifft sein Mitleid.

Auf diese Art wird er seine Schuldgefühle nie los und nimmt sich selbst die Möglichkeit, seine Tat zu sühnen. Er kann niemanden wieder lebendig machen, das ist die Realität. Aber er könnte zum Beispiel 20 000 Mark an eine Organisation überweisen, die sich um die Rettung oder Rehabilitierung von Unfallopfern kümmert. Die Summe müßte so hoch sein, daß sie ihm tatsächlich weh tut. In Japan gibt es eine Tradition, die von den Schuldigen verlangt, daß sie sich bei einer Verfehlung selbst den kleinen Finger abschneiden. Das zeigt, daß sie nicht nur die Verantwortung für ihr Handeln tragen, sondern daß sie auch bereit sind zu sühnen. Der Hätte-ich-doch-Spieler begnügt sich – egoistisch, wie er ist – mit dem Jammern.

Das macht ihn auf Dauer handlungsunfähig, denn man weiß ja nie, was dabei rauskommt, wenn man sich so oder so entscheidet. Um Schmerz zu vermeiden, kommt er zu keinem Entschluß, sondern läßt andere oder sein »Schicksal« für sich entscheiden. So legt er eine Ohnmachts-Platte nach der anderen in seinem Speicher ab und versperrt sich den Weg zu seinem Glück.

In Amerika hat eine Studie gezeigt, daß Menschen, die sich selbst als glücklich bezeichnen, nur eines miteinander gemeinsam haben: *Das Gefühl, man könne mit allem fertigwerden, was einem im Leben zustoßen kann. Das macht glücklich.* Denn man kann mit diesem Bewußtsein von der eigenen Stärke Risiken eingehen, man hat den Mut zum Glück. Der Hätte-ich-doch-Spieler jedoch ist von seiner Angst gelähmt und bleibt unglücklich. So lange, bis er aus dem Spiel aussteigt.

Wie Sie aus dem Hätte-ich-doch-Spiel
aussteigen können

Wer aus dem Spiel aussteigen will, muß sich erst einmal einigen bitteren Wahrheiten stellen:

1. Die Vergangenheit läßt sich nicht mehr verändern. Was war, das war. Allerdings läßt sich der eigene Beitrag zu der Vergangenheit ändern. Statt zu sagen »Ich habe etwas falsch gemacht«, können Sie zum Beispiel auch sagen: »Ich habe in jedem Moment in meinem Leben das getan, was ich für das Beste hielt.«

2. Es gibt *keine* Möglichkeit, Schmerz aus seinem Leben für immer zu verbannen. Jeder hat nur die Alternative, den Schmerz zu akzeptieren, durch ihn hindurchzugehen oder ihm auszuweichen. Stellt man sich ihm nicht, wird der Folgeschmerz größer. Aus einem schmerzlichen Ereignis wird so eine Depression.

Viele Hätte-ich-doch-Spieler haben noch eine Menge anderer Jammersätze auf Lager, die zu nichts anderem dienen, als ihnen selbst recht zu geben: Sie hätten sollen, aber sie sind ja immer zu dumm, blicken nie durch, fallen auf Schwätzer herein, haben die falsche Erziehung gehabt, sind zu weich und zu leicht verführbar und, und, und... Diese Jammersätze halten sie zusätzlich davon ab, jetzt etwas zu verändern. Sie meinen, sie konnten nicht anders handeln und werden es auch nie anders, besser und erfolgreicher machen können. Sie sind auf der ständigen Suche nach Entschuldigungen und wollen keine Verantwortung übernehmen. Es kostet viel Überwindung, sich von einer ganzen Litanei von Jammersätzen zu verabschieden. Denn sie alle zusammengenommen machen die komplette Identität, das Selbstbild des Hätte-ich-doch-Spielers aus. Seine Identität zu verlieren ist ein großer Schock. Vergleichbar mit dem Schock, den Kinder erleben, wenn sie nach Jahren erfahren, daß sie adoptiert wurden. Von einem Moment auf den anderen wird den Kindern die größte, selbstverständlichste Sicherheit ihres Lebens genommen.
Ein Hätte-ich-doch-Spieler verliert durch die Einsicht, daß es sein Umgang mit den Ereignissen ist, der ihn unglücklich gemacht hat, seine Sicherheit. Denn auch die Überzeugung, man sei der geborene Pechvogel, verleiht Sicherheit. Innerhalb dieses Denksystems wird man nicht mehr überrascht.

Auch eine Vision zu entwickeln, die ihm den Ausstieg aus dem Spiel erleichtern könnte, fällt dem Hätte-ich-doch-Spieler schwerer als anderen. Er glaubt nicht so schnell daran, daß es dort, wo er lebt, besser sein könnte als überall auf der Welt. Deshalb ist gerade für ihn die Taktik der kleinen Schritte besonders empfehlenswert. Aber trotzdem sollte er nie vergessen: *Die größte Überwindung wird durch die größte Glücksprämie belohnt.*

So fallen Ihnen die ersten Schritte ins kalte Wasser leichter

– Auch wenn es Ihnen albern vorkommen sollte: Sagen Sie sich bei jeder Gelegenheit *laut*, was Sie gerade tun. Also zum Beispiel: Ich stehe jetzt auf. Ich fahre ins Büro. Ich gehe einkaufen. Ich rufe bei meiner Tante an und bedanke mich für die Glückwunschkarte. Auf diese Art merken Sie, daß Sie nur das tun, was Sie tun wollen.

– Dichten Sie Ihre Hätte-ich-doch-Phantasien einmal um! Mit Ihrer Phantasie dürfte es Ihnen kaum schwerfallen, sich vorzustellen, welcher Horror hätte passieren können, wenn Sie sich damals tatsächlich anders entschieden hätten. Solche Gruselphantasien könnten Sie davon überzeugen, daß Ihre Entscheidung damals vielleicht gar nicht so übel war.

– Nehmen Sie sich vor, es das nächste Mal anders zu machen, und tun Sie es dann auch. Wenn Sie sich zum Beispiel vorwerfen, daß Sie immer wieder auf die Verführungskünste eines bestimmten Mannes hereinfallen (wollen!) und Sie sich anschließend überhaupt nicht wohl dabei fühlen, dann machen Sie es das nächste Mal anders. Legen Sie sich für diese Situation einen kurzen, klaren Satz zurecht. Um sich nach diesem Satz umgehend von dem Mann zu verabschieden. Denken Sie an das Bonmot des SPD-Abgeordneten Egon Bahr zur deutschen Einheit: »Jetzt haben wir die Probleme, die wir uns immer gewünscht haben. Es ist herrlich!« Schreiben Sie sich diesen Spruch auf, und lesen Sie ihn so oft wie möglich.

6. KAPITEL

»Das darf doch nicht wahr sein!«

Die Italiener schießen glatt noch ein Tor in der 92. Minute! Das darf doch nicht wahr sein! Der Schiedsrichter hätte früher abpfeifen müssen! – Obwohl ich für pünktlich neun Uhr einen Tisch im Restaurant reserviert habe, ist keiner frei. Das gibt es doch nicht! So eine Schlamperei! – Herbert hat sich Isabels Auto geliehen und es vor einen Baum gesetzt? Das glaube ich nicht! Herbert ist ein exzellenter Fahrer. – Gloria hat seit drei Jahren einen Lover und spielt ihrem Mann die gute Ehefrau vor: Das ist doch wirklich nicht mehr zu begreifen! Irgendwo hört es doch mit allem Verständnis auf!

»Das darf doch nicht wahr sein!« Es darf tatsächlich nicht wahr sein, wie oft wir das sagen. Alles, was mit unseren Erwartungen, unserem Weltbild nicht übereinstimmt, wollen wir erst einmal nicht *wahrhaben*. Solange wir den Satz nur als bedeutungslose Floskel benutzen, solange er durch jedes andere Schimpfwort ersetzt werden könnte, ist er noch kein Zeichen dafür, daß wir schon gemütlich in der Jammerecke Platz genommen haben und dort bis auf weiteres zu verweilen gedenken. Meistens rappeln wir uns wieder hoch und akzeptieren die Realität – wenn auch mit knirschenden Zähnen.

Oft gedacht, ist dieser Jammersatz jedoch viel weniger harmlos, als es auf den ersten Blick scheint. Anna hat mir gesteckt, daß sie meinen Rolf nun schon zum dritten Mal mit derselben Frau gesehen hat, immer in einer eindeutigen Situation. Das kann doch nicht wahr sein! Rolf wäre doch nicht so nett zu mir, wenn er eine Geliebte hätte. Das gibt es doch gar nicht, daß ein Mann sich so verstellen kann! Und Rolf schon gar nicht. Ich kenne doch meinen Rolf! Gerade in letzter Zeit war er besonders süß zu mir, ein richtiger Schatz. Nein, nein, da bildet sich Anna etwas ein.

Daß er seit ein paar Wochen nicht mehr mit mir schläft, dafür muß man Verständnis haben! Diese vielen Überstunden, die er in letzter Zeit machen muß! So ein Mann ist doch keine Maschine! Und außerdem kommt das in den besten Familien vor. Man muß doch nicht immer gleich den Teufel an die Wand malen.

Natürlich spreche ich Rolf nicht darauf an. Was soll er denn von mir denken? Ich bin doch keine dieser ständig eifersüchtigen Ehefrauen! Am Ende glaubt er noch, ich hätte ihm Anna als Spionin hinterhergeschickt. Nein, so eine Blamage tue ich mir nicht an. »Liebling«, hat er neulich zu mir gesagt, »in einer Ehe ist Vertrauen das Allerwichtigste. Also frag nicht so viel!« – Ich habe doch nur gefragt, wo er war, weil ich ihn in seinem Büro nicht erreicht habe. Aber mit dem Vertrauen hat Rolf recht. Da kann man sagen, was man will.

Aber wer die Frau wohl war, mit der Anna ihn gesehen hat? Bestimmt eine seiner Mitarbeiterinnen. Warum sollte Rolf nicht mal mit einer Kollegin essen gehen? Aha, den Arm soll er um sie gelegt und sie geküßt haben?

Wahrscheinlich hatte er nur ein bißchen zuviel getrunken. Männer sind dann ja manchmal so anhänglich. Die brauchen eben immer Bestätigung. Und diese Frau wird ihn ziemlich angebaggert haben! Schließlich ist Rolf ein gutaussehender Typ, auf den die Frauen stehen.

Das hat Anna neulich auch gesagt. Dein Rolf wird ja immer attraktiver, hat sie gemeint. Der neue Haarschnitt steht ihm gut. Und wie sie dabei geschaut hat! So bedeutungsvoll! Jetzt dämmert es mir! Anna will mir Rolf ausspannen! Sie will uns auseinanderbringen! Deshalb macht sie ihn hinter seinem Rücken so schlecht! Das darf doch nicht wahr sein! Meine beste Freundin macht sich an meinen Mann ran! Und dann noch auf diese linke Tour!

Na, der werde ich meine Meinung sagen! Mein Rolf – eine andere! Daß ich nicht lache! Der würde mich nie betrügen. Mich nicht! Jetzt hat er mir sogar eine Reise geschenkt: ein Wochenende auf einer Schönheitsfarm. Ganz allein für mich! Ja, so ist mein Rolf!

Wissen Sie, warum Ehefrauen immer die letzten sind, die von einem Verhältnis ihres Mannes erfahren? Darum: Sie deuten die Realität um, weil nicht sein kann, was nicht sein darf. Wer kann das schon leiden, wenn die Realität das schöne Bild Lügen straft, das wir uns von ihr gemacht haben. Wenn es ihrer Sache dient, fälschen auch manche politischen Gruppierungen hemmungslos die Tatsachen. Sechs Millionen

Juden sollen in Konzentrationslagern umgekommen sein? Dieses Grauen kann selbst ein Neo-Nazi nicht mit seiner Bewunderung für das Dritte Reich unter einen Hut bringen. Und behauptet, es seien »nur« zwei Millionen gewesen.

Es gibt viel auf dieser Welt, was wir nicht wahrhaben können oder wollen. In Indien verhungern Menschen, aber Kühe laufen frei herum und dürfen nicht geschlachtet werden, weil die Religion es verbietet? Das darf doch nicht wahr sein! Das begreife ich nicht! Wer sich mit der Realität auseinandersetzte, der würde zum Beispiel erkennen, daß lebende Kühe dem Ökosystem in Indien mehr bringen als geschlachtete. Viele Kühe bedeuten viel Dung, und der ist in vielen Gegenden Indiens die einzige Energiequelle. Ohne diese in Indien sehr sinnvolle religiöse Vorschrift wäre es vielen Indern noch nicht einmal möglich, Reis anzubauen und ihn zu kochen.

Tina hat dir immer noch nicht die geliehene Kohle zurückgezahlt? Das gibt's doch nicht. Sie ist seit ewigen Zeiten meine Freundin und eine der zuverlässigsten Personen, die ich kenne. Ich habe ihr schon oft Geld geliehen, und sie hat es mir immer sofort zurückgezahlt. Also ich kenne sie da anders. Und mit Menschen kenne ich mich aus!

Die Ballettlehrerin meiner Tochter hat gestern behauptet, daß aus Sabine nie eine große Tänzerin wird. Sie hätte angeblich nicht den Körper dazu. Woher soll man das denn bei einer Sechsjährigen schon wissen! Es kann sich doch noch alles entwickeln. Ich weiß besser, was in meiner Sabine steckt. Ich bin schließlich die Mutter! Die Begabung liegt einfach in der Familie. Ich habe als kleines Mädchen auch schon immer so gern vor dem Spiegel getanzt.

Ach, Sabine hat neulich zu Ihnen gesagt, sie würde lieber Judo lernen? Niedlich, was sich Kinder so alles einfallen lassen! Auf welche Ideen die kommen! Nein, nein, das meint sie nicht ernst. Da kenne ich meine Sabine besser! Judo ist doch nichts für ein Mädchen! Sie wird mir später noch einmal dankbar sein, daß ich ihr ihre Faulheit nicht durchgehen lasse. Viermal die Woche Training ist das absolute Minimum! Wie kann denn so ein Kind wissen, was wirklich gut für seine Zukunft ist!

Und wenn der Lebensgefährte gestern gesagt hat: »Ich kann dich nicht mehr sehen! Zieh endlich hier aus«, dann hat er das auch nicht so gemeint. Er braucht mich doch! Da sind ihm nur mal wieder die Nerven durchgegangen.

Und wenn er tatsächlich gemeint hätte, was er gesagt hat? Wie fürchterlich! Dann müßte ich ja wirklich gehen. Aber wohin??? Nein, das kann er so nicht gemeint haben!

Ich will erst mal wissen, wo der Korkenzieher ist! Der liegt doch immer hier in der Schublade. Jetzt gucke ich schon zum zehnten Mal 'rein, und er ist immer noch nicht da! Schau' du doch bitte auch noch einmal nach, vielleicht bin ich ja heute blind. Ach, du hast ihn auf deinem Schreibtisch? Das darf doch nicht wahr sein! Wie oft habe ich dir schon gesagt, lege die Sachen dahin, wo man sie wiederfindet? Wer sucht denn einen Korkenzieher auf dem Schreibtisch?

· ·

Das Wahrheit-nein-danke-Spiel
und seine Spielregeln

Zumindest in den ersten Runden ist der Wahrheit-nein-danke-Spieler der große Gewinner. Da er sich so phantasievoll etwas in die eigene Tasche lügen kann, geht es ihm einfach besser als demjenigen, der eine schmerzhafte Wahrheit klar erkennt. Die Realität zu akzeptieren wäre für den Wahrheit-nein-danke-Spieler das K.o. in der ersten Runde. Indem er sich vormacht, daß in *Wirklichkeit* (womit er meint: in *seiner Wirklichkeit*) alles ganz anders ist, vermeidet er den Schmerz.

Nein, nein, mein Tommy ist kein Junkie. Das kann man so nicht sagen. Er hat nur gerade eine schwierige Phase, und dann hat er eben ein paar Leute kennengelernt, die kein Umgang für ihn sind. Aber *im Grunde* ist Tommy ein lieber Junge. Schon als Kind konnte er keiner Fliege etwas zuleide tun. Ach so, Sie haben von dem Einbruch in der Apotheke gehört? Dafür konnte er *eigentlich* nichts. Da haben ihn ein paar von diesen Kumpanen regelrecht gezwungen. Was sollte der arme Junge denn machen? Und daß er die Apothekerin zusammengeschlagen hat, das war eine reine Kurzschlußreaktion. Der Junge hatte doch Angst. *So* kann man es auch sehen.

Mit diesem Beitrag fällt es einer Mutter anfangs wirklich leichter, ihr Wunschbild von ihrem Sohn aufrechtzuerhalten. Die Realität wird so lange umdefiniert, bis sie so erscheint, wie man sie gern hätte.

Noch heute soll es einige Fans von Elvis Presley geben, die immer noch nicht glauben wollen, daß er tatsächlich tot ist. Mit einer unglaublichen Akrobatik ihrer Phantasie denken sie sich die wildesten Geschichten aus.

Selbst eine recht gescheite Fernsehmoderatorin, Sabine Sauer, fiel in der »Verstehen-Sie-Spaß«-Sendung auf ein ziemlich schlechtes Michael-Jackson-Double herein. Weil das Drumherum so echt war, kam sie gar nicht auf die Idee, daß sie es mit dem falschen Michael Jackson zu tun haben könnte. »Des Kaisers neue Kleider« in der modernen Version. Wir sehen, was wir sehen wollen. *Doch was immer so war, muß nicht immer so sein.*

Wie zärtlich Hajo war, als wir uns kennenlernten! Jeden Wunsch hat er mir von den Augen abgelesen. Daß er mich gestern vor allen Leuten abgekanzelt hat, paßt so gar nicht zu ihm. Ich kann mir nicht erklären, was da in ihn gefahren ist. Vielleicht hat ihn der Teufel geritten. Ich bekomme den »alten« Hajo nur wieder zurück, wenn ich einen Exorzisten mit der Teufelsaustreibung beauftrage, wie sie ab und an in manchen Berggegenden noch praktiziert wird. Es darf schließlich nicht wahr sein, daß sich einer anders verhält, als man es von ihm erwartet, anders als man ihn kennt. Da muß doch der Teufel dahinterstecken. Und ist der erst einmal vertrieben, dann ist Hajo wieder ganz der alte.

Bei aufgeklärten Menschen funktioniert das anders. Zum Beispiel so: »Das gibt es doch nicht! Sonst hast du dich auch immer gefreut, wenn ich Steaks gemacht habe! Und jetzt rührst du keinen Happen an. Du und Vegetarier! Wo du doch immer so gern Fleisch gegessen hast. Komm, probier mal wenigstens! Du hältst es ja doch nicht lange durch, das sage ich dir gleich.« Ein moderner Mensch wehrt sich gegen neue Wahrheiten, indem er sie einfach nicht ernst nimmt.

Auch wenn der Wahrheit-nein-danke-Spieler die erste Runde noch gewinnt, die nächsten hält er nicht mehr so bravourös durch. Die Realität liefert ihm zusehends immer mehr Hinweise dafür, daß er sich selbst betrügt. Um so größer wird nun seine Kraftanstrengung, sein Wunschbild mit dem zu vereinbaren, was er tatsächlich wahrnimmt. Irgendwann ist er mit nichts anderem mehr beschäftigt. Grübeln ist alles, was er noch tun kann. Damit erspart er sich eine Ent-täuschung.

Im Hinterkopf bohren bereits seine Zweifel. Sie lassen ihn nicht in Ruhe. Doch er will ihnen die Stimme verbieten, sie unterdrücken. Er weiß genau, daß eine klare Sicht der Dinge eine Entscheidung von ihm verlangen würde. Aber die traut er sich nicht zu. Einem Junkie ist nur dadurch zu helfen, daß man ihn im Stich läßt. Jeder, der einen Alkoholiker deckt, ihn entschuldigt, macht sich zum Co-Alkoholiker und verstärkt damit die Sucht.

Aus diesem Grund bieten Drogentherapeuten oder die Anonymen Alkoholiker auch therapeutische Hilfe für die Angehörigen an. Auch sie müssen durch den Schmerz hindurch, ihrem Sohn oder der Tochter den Zutritt zur Wohnung zu verweigern, ihn oder sie buchstäblich auf der Straße liegenzulassen. Für Eltern ist das meist eine unvorstellbare Überwindung, die dem biologischen Programm, dem Pflegetrieb, vollkommen widerspricht. Angehörige müssen ihre eigene Definition von »guten Eltern« oder »guten Partnern« aufgeben, um ein viel größeres Ziel zu erreichen: den Süchtigen von seiner Sucht zu befreien.

Doch wer kein Ziel hat, versinkt irgendwann in die Depression, verzweifelt. *Bevor* sie den Mut haben, die Scheidung einzureichen, geht es vielen Frauen schlechter, als wenn sie dann tatsächlich geschieden sind. Wer erst einmal einen Entschluß gefaßt hat, der kennt die nächsten Schritte, der ist nicht mehr paralysiert.

Aus Angst vor einer Entscheidung beschwichtigt sich die Wahrheit-nein-danke-Spielerin. Erst nachdem ihr Partner schon mit einer anderen zusammenwohnt, fallen ihr endlos viele Hinweise ein, an denen sie hätte klar erkennen können, was los ist. Aber vorher hat sie die Augen zugemacht. Und wahrscheinlich nicht nur eine Menge Zeit verloren, die sie für Schritte in ihr eigenes Glück besser hätte nutzen können. Zudem hat sie eine weitere Platte in ihrem Ohnmachts-Speicher abgelegt. Ihr Titel: Das Schicksal spielt mit mir Pingpong, ich habe nichts im Griff.

Vorsicht! Aus dem Wahrheit-nein-danke-Spiel auszusteigen, bringt Enttäuschung

Wer sich täuscht, wird irgendwann ent-täuscht werden. Große Täuschungen haben große Enttäuschungen zur Folge. *Je früher jemand aus dem Wahrheit-nein-danke-Spiel aussteigt, um so kleiner ist seine Enttäuschung.* Wer von vornherein akzeptiert, daß sein schwerbehindertes Kind nicht mit normalen Maßstäben zu messen ist, der freut sich über den kleinsten Fortschritt des Kindes. Wer sich vormacht, daß sein Kind doch noch lesen lernen könnte, der ist ständig frustriert und überträgt seine Unzufriedenheit auf das Kind.

Wer einmal tief durch den Schmerz hindurchgegangen ist, der braucht ihn nicht ständig neu zu erleben – in jeder Situation, die die Diskrepanz zwischen Wunsch und Wirklichkeit zeigt.

Erst, wenn man die Tatsachen erkennt, ist man auch in der Lage, ein Ziel zu definieren. Wer zum Beispiel seine Krankheitssymptome nicht wahrhaben will, der tut auch nichts dafür, wieder gesund zu werden. Die ständigen Herzbeklemmungen sind dann »nur ein bißchen zuviel Streß«. Erst wenn sie ihren Herzinfarkt schon gehabt haben, verändern manche ihr Leben. Die Warnsignale wollten sie nicht erkennen.

Der Folgeschmerz ist immer größer. *Es lohnt sich also, aus dem Wahrheit-nein-danke-Spiel so früh wie möglich auszusteigen.*

– Verpflichten Sie sich dazu, *jede* Meinung eines anderen Menschen ernst zu nehmen, so irrwitzig sie Ihnen vorkommen mag. Fragen Sie auch bei dem Neonazi genau nach, wie er zu seinen Ansichten gekommen ist. Gewöhnen Sie sich in solchen Gesprächen an, mit Ihren Gesprächspartnern so umzugehen, als würden Sie gerade mit Ihrem obersten Boß reden. Auf diese Weise üben Sie, aus einem Vor-Urteil ein Urteil zu machen.

– Wenn Sie merken, daß Sie ständig über eine bestimmte Situation, ein bestimmtes Verhalten eines anderen Menschen grübeln: Nehmen Sie sich ein Blatt Papier, und schreiben Sie auf, was Ihnen an dieser Situation nicht gefällt. So machen Sie sich deutlich, daß die Situation nicht so ist, wie Sie sie gern hätten. Wenn Sie nur *denken* »Mein Mann schläft nicht mehr mit mir«, können Sie diesen Gedanken schneller vertreiben, als wenn Sie aufschreiben »Es verletzt mich, daß mein Mann nicht mehr mit mir schläft«. So werden Sie auch nicht so schnell dazu verführt, sich vorzumachen, daß Ihnen das gleichgültig ist.

– Schreiben Sie auf, welche Einstellung Sie zu wichtigen Themen haben, zum Beispiel Liebe, Beruf, Freunde, Familie. Überprüfen Sie anhand der jüngsten Vergangenheit, ob Sie Ihre Definition wirklich leben oder ob Sie dazu neigen, daß Verhalten anderer zu entschuldigen. Oft meinen wir mit Entschuldigen nichts anderes, als jemanden (oder sich selbst) aus der Verantwortung zu nehmen. »Er konnte ja nichts dafür!« Nehmen Sie andere ernst! Verniedlichen Sie nichts! (»Heute war mein Kuschelbärli aber nicht nett zu seinem Hasimausi! So böse Sachen soll Bärli nie wieder sagen!«) Verzeihen dagegen heißt, die Verantwortung des anderen anzuerkennen und ihm seinen Fehler nicht mehr anzukreiden. Indem Sie die Diskrepanz zwischen Wunsch und Wirklichkeit feststellen, begegnen Sie dem Schmerz frühzeitig.

»Man kann sich nur auf sich selbst verlassen!«

Leider, leider! Ich bin wirklich die letzte, die nicht froh wäre, wenn ich auch mal etwas delegieren könnte. Aber was kommt dabei raus? Gar nichts! Sage ich doch vor drei Tagen zu meiner Sekretärin: Schreiben Sie dem Hubermeier einen netten Brief. Vielen Dank für die Einladung, na, Sie wissen schon, wie man das formuliert. Und nach Diktat verreist.

Heute sehe ich die Bescherung! Hat die dumme Pute doch an Herrn und *Frau* Hubermeier geschrieben. Wie peinlich! Die beiden sind doch schon seit zwei Monaten getrennt. Auf der Party hatte er seine Neue dabei! – Wenn man sich nicht um jede Kleinigkeit selbst kümmert! Wozu hat man denn Mitarbeiter!

Man traut sich ja kaum noch, Urlaub zu machen, geschweige denn, krank zu werden. Im letzten Winter hatte ich die Grippe. Glauben Sie, ich hätte nur einen einzigen Tag krank gefeiert? Kaum verläßt die Katze das Haus, tanzen die Mäuse auf dem Tisch! Es tut doch keiner mehr einen Handschlag, wenn man denen nicht ständig auf die Finger schaut. Und nie haben sie eine vernünftige Idee! Vor zwei Wochen besprechen wir die Weihnachtsdekoration. Wissen Sie, was denen eingefallen ist: Tannenbäume, Weihnachtsmänner, Sterne, bunte Päckchen. Man hält es im Kopf nicht aus! Kinder, habe ich zu denen gesagt, nennt ihr das »Ideen«? So sehen Weihnachtsdekos seit hundert Jahren aus. Ich will mal was Neues sehen, was wirklich Neues! – Nichts kam da. Mir mußte mal wieder alles einfallen! Wie immer. Wir machen jetzt Engel, ganz in Gold. Gold ist dieses Jahr schwer in. – Wie finden Sie den Einfall? Ist doch toll? »Ja, ja, ich habe kapiert: Sie sind unschlagbar, Ihnen kann so schnell keiner das Wasser reichen. Bei Ihren Qualitätsansprüchen können Sie natürlich unmöglich Ihre Nullinger-Mannschaft ranlassen. Nur wenn Sie alles selbst machen, dann läuft der Laden so, wie Sie sich das vorstellen. Vielleicht ein bißchen viel Arbeit, die Sie sich da aufhalsen. Aber Sie werden das schon schaffen.«

»Ein bißchen Arbeit! Sie haben gut reden! Meinen Sie, ich komme überhaupt noch zu irgend etwas anderem? Diese Bande von Faulenzern und Versagern stiehlt mir im Grunde doch meine Freizeit! Um jede Kleinigkeit muß ich mich selbst kümmern. Dafür werde ich doch nicht bezahlt.«

»Warum kündigen Sie diesen Nichtskönnern dann nicht und suchen sich ein paar fähigere Leute?«

»Ja, was glauben Sie denn, was ich laufend tue? Die Probezeit übersteht so leicht niemand bei mir. Aber im Grunde kommt man ja doch nur vom Regen in die Traufe. Wirklich qualifizierte Leute sind einfach nicht zu finden!«

»Sie meinen Leute, die so gut sind wie Sie? Könnten Sie die überhaupt an Ihrer Seite ertragen? Stellen Sie sich mal vor, da würde am Ende einer gar mehr Lob kassieren als Sie? Könnten Sie das aushalten?«

»Nun werden Sie mal nicht unsachlich! Wissen Sie, was der Chef immer sagt: Wenn wir die Frau Schmidmüller nicht hätten, könnten wir diese Filiale hier dichtmachen! Und genau so ist es! Ohne mich läuft hier nichts!«

Menschen, die sich nur auf sich selbst verlassen, sind gut dran. (So schaut es auf den ersten Blick wenigstens aus). Ihrem Selbstwertgefühl kann so schnell keiner etwas anhaben. Wie auch? Sie geben ja niemandem die Gelegenheit zu zeigen, daß er auch etwas kann. »Du willst für das Essen am Samstag bei mir ein Dessert beisteuern? Deine berühmte Schokoladenmousse? Mädchen, das ist *mein* Essen, und ich werde doch nicht riskieren, daß meinen Gästen deine Mousse besser schmeckt als meine Hasenkeule! Nein, nein, laß mal, das mache ich schon allein. Ehre, wem Ehre gebührt! Wenn du mir schon unbedingt helfen willst, dann schäle die Kartoffeln.«

Und Sie möchten endlich ein bißchen mehr Verantwortung, endlich mal etwas Interessantes machen? Das ist ja reizend von Ihnen, wirklich reizend! Solange ich in Ihrer Ablage den Vorgang »Meyer« mit Y *vor* dem Vorgang »Meier« mit I finde, solange werde ich einen Teufel tun und Ihnen mehr Verantwortung geben! Lernen Sie erst mal vernünftig das Alphabet!

Wenn es wenigstens nur im Beruf so laufen würde. Das könnte man ja noch aushalten. Aber privat ist es doch ganz genauso. Wer sich auf andere verläßt, der ist verlassen. Wenn du mich mal brauchst, bin ich für dich da! Mindestens ein Dutzend Mal hat Georg mir das gesagt. Und dann habe ich ihn wirklich einmal gebraucht. Er hätte mir dabei helfen sollen, einen Schrank von einem Zimmer ins andere zu tragen. Aber was hat er gesagt? Heute geht es nicht. Meine Schwiegereltern sind zu Besuch. Kann ich morgen vorbeikommen? Nachdem ich den Schrank dann rübergeschoben hatte, war das ganze Parkett verkratzt. Das kommt dabei raus, wenn man sich auf jemanden verläßt! Wenn ich das vorher gewußt hätte, hätte ich mir doch gleich Möbelpacker besorgt. Das ist sowieso das beste: Lieber ein paar Mark bezahlen, aber nicht betteln müssen und anschließend auch noch dankbar sein! Habe ich das nötig, vor Georg einen Kniefall zu machen? Wirklich nicht. Außerdem hasse ich es, jemandem etwas schuldig zu sein.

Keiner tut irgend etwas für einen anderen umsonst. Jeder erwartet doch etwas. Uneigennützige Hilfe, Altruismus? Also soviel versteht doch mittlerweile jeder von der Psychologie, daß er weiß, das gibt es nicht. Jeder hat ein egoistisches Ziel. Wer anderen hilft, der will sich selbst doch nur an deren Schwäche aufbauen. Ich werde doch keinem die Chance geben, sich auf meine Kosten stark zu fühlen. Ich bin doch nicht verrückt!

Und im Job schon gar nicht. Ich denke doch nicht daran, mir meine eigene Konkurrenz zu züchten! Jeder muß sich seinen Erfolg selbst erarbeiten. Mir hat auch nie jemand geholfen. Ich habe immer alles allein geschafft! Und darauf bin ich stolz!

Das Ich-verlasse-mich-nur auf-mich-Spiel und seine Spielregeln

Dieses Spiel wird besonders gern von Erfolgsmenschen gespielt. Es ist die elegante Version des Eigenlobs: Seht her, ich bin der Beste! Was nach einem hohen Selbstwertgefühl aussieht, ist tatsächlich das genaue Gegenteil. Kein anderer hat Anerkennung so nötig wie derjenige, der meint, sich nur auf sich selbst verlassen zu können.

Indem er seine Sehnsucht nach Bestätigung in die angebliche Lebensweisheit »Man kann sich nur auf sich selbst verlassen« verpackt, macht er es anderen leichter, ihm beizupflichten. Einer, der sich wie der Ex-Box-Champion Muhammed Ali hinstellte und laut verkündete: »Ich bin der Größte«, der würde kaum ernst genommen. Und genau das fürchtet der Ich-verlasse-mich-nur-auf-mich-Spieler wie sonst nichts.

Aber zunächst braucht er sich darüber noch keine Sorgen zu machen. In vielen Unternehmen kommt seine Taktik bestens an. Vor allem in jenen, die von einem Vorgesetzten geleitet werden, der erstens das gleiche Spiel spielt und der zweitens keine Angst davor haben muß, daß man an seinem Stuhl sägen könnte, weil ihm die Firma selbst gehört.

Ein Chef dieser Art findet in dem Ich-verlasse-mich-nur-auf-mich-Spieler endlich einen verständnisvollen Bundesgenossen. Und den braucht er so nötig, daß er ihn so lange befördert, bis er zum Schluß an seiner grünen Seite sitzt und ihm das Händchen hält. Der einzige in der Firma, der ihm wirklich nah ist! Denn *geliebt* oder wenigstens geschätzt werden solche Leute von ihren Kollegen und Untergebenen nie.

Weshalb auch? Ihre eigene Größe erreichen die Ich-verlasse-mich-nur-auf-mich-Spieler zu einem erheblichen Teil dadurch, daß sie ihre Mannschaft von Versagern und Nichtsnutzen so oft abkanzeln, wie es nur geht. Wer ständig nur Vorwürfe hört, dem macht über kurz oder lang seine Arbeit keinen Spaß mehr. Er leistet Dienst nach Vorschrift, sucht sich einen neuen Job oder tut so wenig, daß ihm schließlich gekündigt wird. So erweist sich das Resultat des Ich-verlasse-mich-nur-auf-mich-Spiels als genau das Übel, das es eigentlich beseitigen will. Das Spiel wird zum Bumerang. Statt zu höherer Gesamtleistung führt es auf die Dauer zu einer geringeren. Aber das kann dauern.

Es ist keinesfalls so, daß der Ich-verlasse-mich-nur-auf-mich-Spieler nichts von seinem Job verstehen würde. Ganz im Gegenteil! Leistung ist das A und O in seinem Leben. Die einzige Form der Zuwendung, die er aus seiner Kindheit zu kennen scheint, besteht darin, daß ihm Mama und Papa sagten: »Fein, daß du alles allein kannst!«

Einem Kind – und nicht nur dem – zergeht solches Lob wie Butter auf der Zunge. Schon wieder ist der kleine Steppke ein Stück weiter auf dem Weg von der Ohnmacht in die Allmacht. Komplimente für Erfolge bestärken seinen Drang nach mehr Selbständigkeit, nach *Groß-Werden*. Wer Zuwendung fast ausschließlich auf diese Weise erfahren hat, der meint schon früh: Je mehr Leistung, desto mehr Liebe.

Dieser Irrtum setzt einen fatalen Teufelskreis in Gang. Da der Spieler auf diese Art nie Liebe erfährt, meint er, seine Leistung würde nur noch nicht ausreichen. Also versucht er, noch perfekter zu werden, noch mehr Erfolge zu bringen. In der Tiefe seiner Seele jedoch findet er, daß das Leben sehr ungerecht zu ihm ist. Denn im geheimen möchte auch er geliebt werden für das, was er ist, und nicht für das, was er leistet. Daß die einzige Möglichkeit, Liebe zu erfahren, erstmal selber lieben bedeutet, weiß er nicht. So geht es ihm wie dem Hasen in dem Märchen »Der Hase und der Igel«. Er rennt und rennt und läßt den Igel hinter sich, der trotzdem als erster im Ziel ist – ganz ohne sich anzustrengen.

Ich-verlasse-mich-nur-auf-mich-Spieler verstehen die Welt nicht mehr, wenn andere ihr Spiel durchschauen und sie auflaufen lassen. Das kann zum Beispiel passieren, wenn ein Spieler zu einer Firma wechselt, in der Worte wie »Teamarbeit« oder »Mitarbeiter-Motivation« keine Fremdwörter mehr sind. Immer mehr Unternehmensleiter haben mittlerweile erkannt, daß mehr und besser gearbeitet wird, wenn die Mitarbeiter *gern* arbeiten. Überdurchschnittlich viele Kündigungen oder mehr Ausfälle durch Krankheit als üblich lassen auch darauf schließen, daß der Vorgesetzte seine Mitarbeiter demotiviert. Und dann wird ihm gekündigt.

In anderen Fällen klappt der Ich-verlasse-mich-nur-auf-mich-Spieler erst physisch und dann psychisch zusammen. Je mehr er selbst macht, um so weniger tun die anderen. Je weniger oder je schlampiger die anderen arbeiten, um so mehr muß er tun, damit der Laden so läuft, wie er es sich vorstellt. Niemand ist jedoch unbegrenzt leistungsfähig. Eine Weile kann man seine Natur mit Medikamenten oder Kokain überlisten, irgendwann jedoch meldet sich der Körper mit einem nicht mehr zu überhörenden Hilfeschrei: einem Kollaps, einem Infarkt.

Doch noch schlimmer ist für den Spieler die Erfahrung, daß es auch ohne ihn geht. Da kann man nur mit ihm hoffen, daß ohne ihn tatsächlich das Chaos ausbricht und nicht plötzlich einer der Nullinger von gestern seine wahren Qualitäten beweist. In der Filmkomödie »Working Girl« spielt Sigourney Weaver so eine vom Ehrgeiz zerfressene Karrierefrau. Selbst krank mit Gipsbein bietet sie ihrem Liebhaber (Harrison Ford) noch eine untadelige Erscheinung: Reizwäsche, Make-up, wirkungsvoll auf dem Kopfkissen drapierte Haare.

Mittlerweile hat die bis dahin von ihr unterdrückte Sekretärin die Gunst der Stunde (die Abwesenheit der Chefin durch Krankheit) genutzt. Melanie Griffith in der Rolle der Sekretärin genießt es, endlich mal zu beweisen, daß sie etwas kann. Zum Schluß bekommt sie nicht nur den Job ihrer Chefin, sondern auch noch deren Lover. Für Ich-verlasse-mich-nur-auf-mich-Spieler ist Krankheit höchst gefährlich: Mit der Loyalität ihrer Mitarbeiter können sie nicht rechnen. Im Gegenteil: Nichts freut die Unterdrückten mehr, als wenn der Unterdrücker auf die Nase fällt.

Einem Perfektionisten und Pedanten einen Fehler nachzuweisen gehört zu den größten Genüssen. Man kann ihn mit seinen eigenen Waffen schlagen. Schon Schulkinder freuen sich königlich, wenn ihr Lehrer eine Frage nicht beantworten kann. Der Spaß ist nur halb so groß, wenn er seine Wissenslücke zugibt. Ein bißchen Herumgedruckse soll schon sein.

Im Gegensatz zu ihren oft glänzenden beruflichen Erfolgen ist das Privatleben der Ich-verlasse-mich-nur-auf-mich-Spieler meist von einer erschütternden Tristesse. Liebe ist in ihrem Programm nicht eingespeichert, Freundschaft genausowenig. Die meisten Kontakte sind rein beruflicher Natur.

Geschäftsessen, Empfänge und Parties gaukeln dem Spieler, der es schon zu etwas gebracht hat, vor, ein reges soziales Leben zu pflegen. Liebespartner sind oft nicht mehr als Nummerngirls oder -boys. Sollten sie Probleme machen, werden sie gegen ein anpassungsfähigeres Modell ausgetauscht. Solange er noch nicht zu Grübelgedanken neigt, schätzt ein Mensch, der sich nur auf sich verlassen will, sowieso das Alleinsein. Zweifel, ob er sich tatsächlich eine glücklichmachende Lebensform ausgesucht hat, wischt er mit seinem Leitspruch beiseite: Auf der Spitze des Berges ist es einsam. Und schon geht es ihm wieder prächtig.

. . . .

Warnung an alle, die aus dem Spiel aussteigen wollen!

Offensichtlich haben Sie noch keine Vorstellung davon, was auf Sie zukommen wird. Sonst würden Sie sich die Sache mit dem Ausstieg genau überlegen! Sehr genau. Es wird ein Fiasko, wenn Sie plötzlich anfangen, anderen Verantwortung zu geben, ihnen auch einmal etwas zuzutrauen. Das sind die Mitarbeiter doch gar nicht gewohnt! Stellen Sie sich darauf ein, daß die Leute Sie nicht besonders mögen. Sie warten nur auf eine Gelegenheit, Ihnen ein faules Ei ins Nest zu legen! Und dann geht es bergab mit Ihrer Abteilung. Wollen Sie das riskieren?

Es ist doch reichlich naiv von Ihnen, so von heute auf morgen an das Gute im Menschen zu glauben. Wer will Ihnen das denn abnehmen, daß Sie Ihre Mitarbeiter plötzlich schätzen? Niemand. Meinen Sie nicht, daß alle merken werden, wie Sie innerlich zittern, ob auch alles wie geschmiert läuft? Das halten Ihre Nerven doch gar nicht aus!

Aha, Sie haben da neulich einen Satz von Antoine de Saint-Exupéry gelesen, der Ihnen einiges klargemacht hat? »Willst du ein Schiff bauen, rufe nicht Männer zusammen, um Holz zu beschaffen und Werkzeuge vorzubereiten – sondern lehre sie die Sehnsucht nach dem weiten, endlosen Meer.« Hört sich gut an, zugegeben. Aber was hat das mit

Ihnen zu tun? Ach so, Sie wollen bei Ihren Mitarbeitern die Begeisterung für ihre Arbeit wecken. Weil Sie glauben, daß Sie das auf die Dauer entlasten wird. Im Prinzip haben Sie ja vielleicht sogar recht. Nur über eins sind Sie sich offensichtlich nicht im klaren: Ihre Leute hassen den Job. Den Spaß an der Arbeit haben Sie ihnen bereits gründlich verdorben. Von heute auf morgen ändert sich daran nichts. Ihre Leute sind doch keine Deppen, die sich von Ihnen so leicht das Gehirn waschen lassen. Die können genauso stur sein, wie Sie das bisher waren.

Und außerdem: Was passiert mit Ihnen, wenn es Ihnen tatsächlich gelingen sollte, mehr Arbeit zu delegieren? Was machen Sie dann mit Ihrem Mini-Selbstwertgefühl und mit Ihrer neugewonnenen Freizeit? Ja, ja, das habe ich mir gleich gedacht. Da fehlen Ihnen noch die Ideen. Wenn ich Ihnen einen guten Rat geben darf: Suchen Sie sich erst einmal ein anderes Ziel, vielleicht zur Abwechslung eines, das nichts mit Ihrem Job zu tun hat. Vielleicht schaffen Sie es dadurch, ein bißchen lockerer zu werden. Solange Ihnen nichts anderes durch den Kopf geht als Ihre Arbeit, solange sehe ich schwarz für Sie, pechschwarz! Auch von einem Leistungstrip kommt man am besten herunter, wenn man ihn durch einen anderen Trip ersetzt. Also gehen Sie mal in sich. Vielleicht finden Sie wirklich etwas, was Ihnen im Leben sonst noch wichtig ist.

. . . .

Erste Schritte für Aussteiger

– Schließen Sie ab und zu eine Arbeit ab, die Ihren Ansprüchen noch nicht hundert-, sondern nur neunzigprozentig genügt. In einem offenen Brief des Bundeskanzlers, der in einer Illustrierten abgedruckt war, habe ich selbst zwei Kommafehler entdeckt. Die Aussage des Briefes hat das überhaupt nicht beeinträchtigt. Denken Sie daran, daß Menschen, die sich in Details verzetteln, den Blick für das Ganze verlieren.

– Erwähnen Sie es anderen gegenüber, wenn Sie etwas mal nicht ganz so perfekt gemacht haben. Sie werden feststellen, daß niemand hämisch über Sie lachen wird. Wer Fehler zugibt, der wird anderen sympathisch.

– Lassen Sie einen anderen auf einem Gebiet etwas machen, auf dem Sie besonders gut sind. Geben Sie keine Tips, korrigieren Sie nicht. Loben Sie auch etwas, was Sie selbst gar nicht so gut finden! Tun Sie es, obwohl Sie sich lieber die Zunge abbeißen möchten. Sie werden feststellen, wie groß Ihre Widerstände sind.

8. KAPITEL

»Es ist ja alles so sinnlos«

Es ist sinnlos! Alles. Ich könnte ja längst einen anderen Job haben, Karriere machen. Wie oft hatte ich schon die besten Angebote, die allerbesten. Aber warum und wozu, frage ich mich. Wenn der Sensemann kommt, kann ich ja doch keinen Pfennig mitnehmen. Also wieso sich überhaupt erst anstrengen?

Damit ich vor dem großen Zapfenstreich ein bißchen besser und schöner leben kann, meinen Sie? Zum Beispiel toll verreisen? Reisen! Ich verstehe sowieso nicht, warum alle Leute immer weg wollen. Das ist doch auch nur eine Flucht aus dem Alltag. Malediven, Kanaren, Seychellen – als wenn da irgend etwas anders wäre. Man nimmt sich doch immer selbst mit. Kein Mensch kann vor sich selber fliehen. Also wozu soll ich mir den Streß antun? Um woanders genau die Leute zu treffen, die mir hier schon auf die Nerven gehen? Außerdem weiß doch mittlerweile jeder: Tourismus zerstört die Umwelt und bringt intakte Kulturen aus dem Gleichgewicht. Soll ich dazu etwa auch noch beitragen?

Und überhaupt: Reisen als Sinn des Lebens – finden Sie das nicht ein bißchen mickrig? Philosophen zerbrechen sich seit Jahrtausenden den Kopf darüber, worin der Sinn des Lebens bestehen könnte! Und Sie kommen da mit Reisen an. Wenn das so einfach wäre ... Sie scheinen mich einfach nicht zu verstehen: Wenn ich vom »Sinn des Lebens« rede, dann meine ich etwas, was *jedes* Leben sinnvoll macht, ein übergeordnetes Prinzip.

Das kennt nur der liebe Gott, sagen Sie. Kindchen, Kindchen, Sie rühren mich. Sie haben wohl Ihren Karl Marx nicht gelesen? »Religion ist Opium für das Volk« hat er geschrieben. Die Droge für die Armen im

Geiste, damit sie auf Erden ackern und schuften, um später in das versprochene Himmelreich zu kommen. Religion dient zur Manipulation der Massen. Für ein wenig klüger hätten Sie mich halten dürfen! Aber an irgend etwas muß der Mensch doch glauben, sonst geht er kaputt? Erstens geht es mir nicht ums Glauben, ich will etwas *wissen*. Wer glaubt, der kann sich auch irren. Früher haben die Menschen geglaubt, die Sonne drehe sich um die Erde. So ist das mit dem Glauben. Und zweitens: Was glauben Sie, wen es interessiert, ob ich zugrunde gehe oder nicht? Meine Mutter vielleicht, o.k. Und wenn ich Glück habe, noch ein paar andere Leute. Aber für das große Ganze ist es völlig unwichtig. Kein Mensch hat irgendeine Bedeutung, jeder ist ersetzbar. Wer etwas anderes denkt, der macht sich was vor.
Aber Jesus und Buddha, Newton und Einstein, die hatten eine einzigartige Bedeutung, finden Sie? Also dazu will ich Ihnen mal etwas sagen: Wenn die Zeit für irgend etwas reif ist, ob für eine neue Philosophie oder eine Entdeckung, dann ist das nicht mehr aufzuhalten. Ob die Umwälzung von dem einen oder dem anderen stammt, ist vollkommen gleichgültig. Hätte Einstein die Relativitätstheorie nicht entwickelt, wäre es irgendein Herr XYZ gewesen. Wo ist da der Unterschied? Für Einstein wäre es ein Unterschied gewesen, sagen Sie? Kann schon sein. Doch welche Rolle spielt das für die Welt?
Was *ich* beruflich mache? Ich bin Lehrer. Aber da hätte ich doch einen besonders schönen Sinn des Lebens? Kindern etwas beizubringen sei schließlich eine wichtige Aufgabe, finden Sie? Von dem Beruf haben Sie wohl keine Ahnung. Ich kann meinen Schülern auch nur eintrichtern, was das Kultusministerium vorschreibt. Für alles andere fehlt die Zeit. Und es hätte sowieso keinen Sinn. Sie glauben doch wohl nicht, daß ich in ein paar Schulstunden wieder gutmachen kann, was die Eltern, das Fernsehen, unsere ganze Gesellschaft an den Kindern schon verdorben haben. Ich bin doch kein Träumer!
Vielleicht haben Sie recht: Ich sollte den Job eventuell doch aufgeben. Dann freut sich wenigstens ein anderer, der ihn bekommt. Sehen Sie, das meinte ich mit »Jeder ist ersetzbar«. Bei der Arbeitslosigkeit heute doch sowieso. Heute kann jeder Arbeitgeber mit einem machen, was er will. Die sechziger Jahre, ja, das waren andere Zeiten! Da hätten Sie mich mal erleben sollen. In vorderster Reihe bin ich immer mitmarschiert.
Heute kann ich darüber nur lachen! Jugendsünden! Aber heute haben sich die Verhältnisse auch geändert. Schauen Sie doch mal: Was für einen Sinn sollte es haben, heute, in den neunziger Jahren, für mehr Mitbestimmung in den Universitäten zu kämpfen? Wegen so was sind wir

früher auf die Straße gegangen. Aber wer hat damals schon etwas von der Klimakatastrophe gewußt? Keiner. Über kurz oder lang ersticken wir in unserem eigenen Mief. 1990 – das wärmste Jahr des Jahrhunderts! Ich sage Ihnen: Es geht bergab. Und zwar in einem Affentempo. Wenn wir nicht vorher schon alle längst verhungert sind. In ein paar Jahrzehnten hat sich die Weltbevölkerung verdoppelt. Wer soll die Menschen alle ernähren? Es reicht doch jetzt schon an vielen Enden nicht. Aber vielleicht haben wir Glück im Unglück und ein Atomkrieg löscht uns ratzekahl aus. Puff! Das war's mit Mutter Erde. Aber lieber ein Ende mit Schrecken als ein Schrecken ohne Ende, kann ich da nur sagen! Die Leute regen sich doch heute über total unwichtige Dinge auf: Steuererhöhung! Wen interessiert das denn noch, wenn es rumst und die Umwelt kollabiert? Niemanden.

Ach so, und deshalb arbeiten Sie bei Greenpeace mit? Nur so am Rande: Wollen wir uns nicht duzen, wo wir gerade so nett miteinander plaudern? Also ich bin der Georg, aber meine Freunde sagen Dschordsch zu mir. Ah, Tanja heißt du. Schöner Name, gefällt mir. Du arbeitest also bei Greenpeace. Interessant. Die machen schon dolle Sachen, ehrlich. Aber wirklich verändern könnt ihr auch nichts. Wenn ihr Glück habt, viel Glück, könnt ihr hier und da mal ein bißchen Zoff machen, ein paar Leute aufrühren. Am Prinzip des Kapitalismus ändert ihr nichts. Jeder guckt auf sein Geld, und der Rest ist ihm erst einmal schnurzpiepegal. Wenn er keine Puste mehr hat, dann kümmert es ihn doch, meinst du. Kann schon sein. Aber dann ist es zu spät. Dann ist das Kind schon in den Brunnen gefallen.

Ach, du könntest mir beweisen, daß die Klimakatastrophe noch aufzuhalten ist? Du hättest da ein paar Gutachten von renommierten Wissenschaftlern daheim? Du, Tanja, das interessiert mich jetzt echt. Am liebsten würde ich sie mir gleich anschauen, wo wir uns gerade so gut verstehen. Zahlen wir doch gleich und gehen noch zu dir, ja?

. . . .

Das Sinnlosigkeits-Spiel und seine Spielregeln

Das Sinnlosigkeits-Spiel ist natürlich kein männliches Privileg. Doch gerade Männer steigen hierbei oft zum Meister aller Klassen auf. Sie wissen einfach, daß die Bemerkung »es ist alles so sinnlos«, vor allem wenn sie von einem herzzerreißend traurigen Blick begleitet wird, in Null Komma nichts weibliche Pflegeinstinkte anspricht. – Ogottogottogott, da wird doch keiner eine Depression haben?

Er hat eine. Aber eine von der feinsinnigen Sorte. Schließlich macht sich der Junge ja Gedanken um den Sinn des Lebens, und das läßt mehr Sensibilität und Tiefgang vermuten, als viele seiner Geschlechtsgenossen zu bieten haben, die sich über Börsenkurse in die Haare kriegen. Wenn es um die Seele geht, dann sind viele Frauen bei *ihrem Thema*. Selbst die, die sonst nicht sehr viel zu sagen haben. Und sie schnappen den Köder »Es ist alles sinnlos«, als wäre er aus Kaviar. Im Sinnlosigkeits-Spieler findet so manche genau den leeren Topf, den sie mit der Summe ihrer Lebenserfahrung ungestraft anfüllen kann: Ja, ich kann dich gut verstehen. So ging es mir auch mal. Damals, als ...

Doch dem Jungen kann geholfen werden, meint sie und bietet ihm einen Sinn des Lebens nach dem anderen an: in die Entwicklungshilfe gehen, für den Frieden kämpfen, die Umwelt schützen und, und, und ... Wenn der Barkeeper die Stühle auf die Tische stellt, bleibt ihr nur noch ein einziger Trumpf und Trost für den deprimierten Mann an ihrer Seite: Liiiebe!

Der Sinnlosigkeits-Spieler hat an diesem Abend erreicht, was er wollte. Daß er am nächsten Morgen immer noch auf seiner Es-ist-alles-so-sinn-los-Masche reitet, liegt jedoch nicht an den mangelnden Qualitäten seiner Bettgenossin. Er findet den Sinn des Lebens tatsächlich nirgendwo. Irgendwann hatte er ja vielleicht sogar mal einen, aber der ist ihm abhanden gekommen. Er weiß nur nicht, wie und wo.

Es geht ihm nicht anders als vielen Sinnlosigkeits-Spielern auf dieser Welt. Den Müttern, die nach dem Sinn ihres Lebens fragen, wenn das letzte Kind das Haus verlassen hat. Dem Rentner, der sich auf dem Abstellgleis wähnt. Dem Liebeskranken, dem der ersehnte Partner den Laufpaß gegeben hat. Es fällt auf, daß *vorher* alle in ihrem Leben einen Sinn sahen: Kinder großziehen, ihren Job gut machen, mit dem Partner eine gemeinsame Zukunft gestalten. Nachdem sich diese Themen erledigt haben, ist auch der Sinn futsch. Nun gibt niemand den Spielern einen neuen. »Ihr braucht mich ja doch nicht mehr. Ich bin euch nur eine Last«, beklagt sich eine Mutter bei ihren mittlerweile erwachsenen Kindern. »Für altes Eisen hat eben keiner mehr Verwendung«, resigniert der Rentner. Und die Liebeskranke jammert: »Ohne Eberhard hat mein Leben keinen Sinn«.

Sie hätten gern einen Lebenssinn. Aber wo sollen sie ihn suchen? Und wie sieht er überhaupt aus? So einen wie Eberhard gibt es nicht noch einmal auf der Welt. – Stellen Sie sich mal eine Suchanzeige in der Zeitung vor: Suche ein Ding, weiß nicht, wie es aussieht und wo ich mit der Suche anfangen soll. Hoher Finderlohn. Chiffre ... Blöd-Sinn, oder?

Ein Sinnlosigkeits-Spieler sucht auf exakt diese Art, und der Junge oder das Mädchen weiß genau, warum! Die Suche bringt nämlich viele Vorteile: Sein Sinnlosigkeits-Spiel verschafft ihm nämlich ein hohes Renommee. Besonders dann, wenn er angeblich nach dem Sinn des Lebens »an und für sich« fahndet. Mit der Haltung des in die Welt geworfenen Existentialisten gibt er in der Kneipenecke sein quasi-philosophisches Gewäsch zum besten. Und wird aufgrund seiner Tiefgründigkeit – er ist schließlich einer, der nach den letzten Dingen fragt – auch noch von Hinz und Kunz bewundert.

Hinz kommt sich reichlich dämlich vor, weil sein Sinn des Lebens zur Zeit eine Super-Wahnsinns-Stereoanlage ist. Kunz geniert sich, weil er nicht weniger primitiv seinen Sinn gerade darin sieht, Sabine rumzukriegen. Was anderes hat er seit zwei Wochen nicht im Kopf. Und dieser Typ macht einem klar, daß das alles völlig sinnlos ist. Irgendwie hat er sogar recht. Aber keiner weiß genau, warum. Es hört sich wenigstens so an, als würde ein großer Durchblicker reden. In einem letzten Aufbegehren versuchen Hinz und Kunz, sich aus der Sinnfrage herauszuschmuggeln und sich auf sichereres Terrain zu retten: »Aber 'ne tolle Anlage und eine gute Frau machen doch wenigstens Spaß!«

Spaß? Als Sinn des Lebens? Unser Sinnlosigkeits-Spieler ist doch kein Hedonist, der aus dem Streben nach Sinneslust eine Philosophie machen würde! Nein, nein, da muß schon irgend etwas Ethisches her! Religion? Vielleicht. Aber welche? Buddhismus? Allzu modisch. Da könnte man ja auf die Idee kommen, er renne dem Zeitgeist hinterher.

Irgendeine Ideologie? Gretchenfrage: Welche? Der Kommunismus hat abgewirtschaftet, und Kapitalismus ist noch nicht einmal eine richtige Ideologie. (Und ein neuer Führer ist auch nicht in Sicht, der mit einer niegelnagelneuen Ideologie aufwarten würde). Es ist wirklich sinnlos, weiterzusuchen. Nichts und niemand gibt einem einen Sinn!

Theoretisch könnte sich ein Sinnlosigkeits-Spieler zwar auch hinstellen und bekennen: »Ich bin ein fauler Hund, der keine Lust hat, sich zu irgend etwas aufzuraffen. Deshalb will ich gar nicht wissen, wo es für mich langgehen könnte.« Aber wo bliebe da die Kommunikation, sprich: seine Selbstdarstellung? Nein, nein, es ist schon ganz in Ordnung, die Leute mal zum Nachdenken zu bringen. Anderen dient das Sinnlosigkeits-Spiel dazu, einen Schuldigen auszumachen, der ihnen den Sinn ihres Lebens weggenommen hat. Ja, als die Kinder klein waren, da wußte man wenigstens, wofür man gebraucht wird. Wozu lebt man heute eigentlich noch? Und wozu essen? Man wird ja doch wieder hungrig. Wozu duschen? Der nächste Achselschweiß kommt bestimmt.

Es ist alles so sinnlos! Und weil alles so sinnlos ist, ist es konsequent, wenn man gar nichts mehr tut. So vermeidet man auch noch Schlappen, Kritik und Rückschläge. Wer nichts macht, macht auch keine Fehler.

Vorsicht! Aus dem Sinnlosigkeits-Spiel auszusteigen macht Sinn!

Sinnlosigkeits-Spieler zahlen einen enorm hohen Preis, aber schließlich kassieren sie auch ganz gut ab! Alles, was sie tun, wenn sie überhaupt etwas tun, ist Frust. Denn nichts macht Sinn. Wählen gehen? Auf die eine Stimme mehr oder weniger kommt es auch nicht an. Ein abgasarmes Auto fahren? Als wenn ausgerechnet durch meinen Schlitten der Wald sterben würde! Sport treiben, um seine Cellulite loszuwerden? Sinnlos, die ist angeboren. Und sterben müssen wir auch alle einmal.

Im Grunde schlottern dem Sinnlosigkeits-Spieler die Knie vor Todesangst. Zugeben würde er das wohl nie. Nein, nein, ihm ist alles gleichgültig. Und mit dieser Masche schwächt er auch die Angst vor dem Tod ab. Aber auch für ihn gilt: Wer dem Schmerz ausweichen will, der vergrößert nur den Folgeschmerz. Mit seinem Ausweichverhalten handelt sich der Sinnlosigkeits-Spieler ein Leben ohne Freude, ohne Erfolgserlebnisse und ohne ein Bewußtsein für seine eigene Stärke ein.

Ohnmachtsgefühle, Depressionen und Krankheit sind die Folgen seines Sinnlosigkeits-Spiels. Wenn er aussteigen will, hat er nur eine einzige Möglichkeit: *Er selbst muß einen Sinn für sein Leben kreieren. Denn das Leben hat nur dann einen Sinn, wenn man ihm einen gibt.* Welcher das sein kann, ist eine Frage, die jeder einzelne für sich selbst beantworten muß. Jeder kann frei wählen. Den Lebenssinn findet niemand irgendwo draußen in der Welt, sondern nur *in sich selbst*. Was will ich erreichen? Die Verwirklichung welchen Zieles könnte mir Freude machen? Das sind die Fragen, die zu einer Entscheidung führen. Wer nach dem Sinn des Lebens »an und für sich« fragt, findet nie eine Antwort. Doch was könnte ein Ziel für den Sinnlosigkeits-Spieler sein? Da beißt sich die Katze in den Schwanz: Er hat ja einfach keine Ideen. Seine Masche mit der Sinnlosigkeit dient ihm gerade dazu, seine Phantasielosigkeit und sein Phlegma zu kaschieren und sich den Nimbus, das Ansehen, des Philosophen zu geben.

Vielleicht würde er sogar einen Sinn oder besser gesagt ein Ziel finden, wenn er nur ein wenig bescheiden sein könnte. Aber so ein Sinnlosigkeits-Spieler will groß rauskommen. Als Philosoph zieht es ihn in die oberen Etagen. Doch auch Greenpeace würde ihn nicht gleich als Vorsitzenden einstellen. Und am Kopierer zu stehen und Flugblätter zu vervielfältigen ist seine Sache nicht.

Er hat ja noch nie die Erfahrung gemacht, daß auch läppische Arbeiten einen ganz anderen Stellenwert bekommen, wenn man sie in einem größeren Kontext, einem Zusammenhang betrachtet. Wer das Ziel hat, alten Menschen zu helfen (weil er seinem Leben diesen Sinn gegeben hat), der bekommt auch keine Statusprobleme, wenn er mal einen Nachttopf leert. Und wer sein Auto liebt, der schiebt. Es ist für viele erstaunlich, wieviel Zeit manche Leute bei der Pflege ihres Autos zubringen. Und das macht ihnen auch noch Spaß! Weil sie in einem Kontext handeln, der heißt: Ich will ein schönes Auto haben.

Ein schönes Auto: Kann das der Sinn des Lebens sein? Er kann! Es mag nicht Ihrer sein und auch nicht meiner, doch schauen Sie sich manche Männer an, wie sie ins Schwärmen geraten, wenn sie über Autos reden! Die Augen strahlen, sie sind begeistert und auch begeisternd, jedenfalls für andere Autofans. Auf dem Weg zu ihrem Ziel fällt Freude ab. (Mehr zu dem Thema, wie jeder sich seinen ganz persönlichen Kontext, seinen Sinn des Lebens, erschaffen kann, lesen Sie in Kapitel 16, ab Seite 151).

Der Sinn des Lebens (das Ziel, der Kontext) muß gar nichts Ethisches sein. Es ist durchaus erlaubt, sich ein sehr eigennütziges Ziel zu setzen. Aber könnte es sein, daß der Sinnlosigkeits-Spieler gar nicht wagt, so egoistisch zu sein, weil ihm dadurch die Anerkennung der anderen flöten gehen könnte? Irgendwie kommt jeder besser weg, der die ganze Menschheit, die Welt an sich, *im Sinn* hat. Und im globalen Denken ist der Sinnlosigkeits-Spieler schließlich perfekt.

Ein kleiner Trick könnte ihn vor dem Gesichtsverlust in der Öffentlichkeit bewahren, sollte er sich tatsächlich erst einmal einen Kontext schaffen, der nur auf die Befriedigung seines Egos ausgerichtet ist. Er erzählt zunächst niemandem von seinem Ziel. So ganz klammheimlich könnte er zum Beispiel anfangen, Suaheli zu lernen. Warum ausgerechnet Suaheli? Gegenfrage: Warum nicht? Im Tun von sinnlosen Dingen ist der Spieler ohnehin schon geübt. Denn daß er gar nichts, wirklich überhaupt nichts getan hätte, kann ihm keiner vorwerfen. Hier und da hat er die Zeitung oder ein Buch gelesen, ab und an war er in einem Konzert, hin und wieder hat er sich zu einem Spaziergang überreden lassen. Es war nur so sinnlos! Und wenn er jetzt noch Suaheli lernt, wird er der ausgebuffteste Sinnlosigkeits-Spieler dieser Welt. Und schon hat er ein Super-Ziel beinahe gratis in der Tasche: Er macht nur noch sinnlose Dinge, aber die so perfekt wie möglich!

Sollte sich der Spieler wirklich dazu durchringen, diesem Vorschlag zu folgen, würde ich ihn liebend gern in absehbarer Zeit einmal kennenlernen. Ich finde Leute unwiderstehlich, die aus sinnlosen Dingen eine Kunst machen: Leute, die die größte Kaugummiblase aufpusten, Erdnüsse in die Luft werfen und mit dem Mund fangen oder auf einer Hand stehen. Zirkusnummern, die genauso unvernünftig und sinnlos sind wie für manch anderen auf einem Hochseil zu tanzen oder Autorennen zu fahren.

Trotzdem: Ein Sinnlosigkeits-Spieler, der sein Leben in den Kontext stellt »Ich mache nur noch Sinnloses, aber das richtig!«, ist schon aus seinem Spiel ausgestiegen. Jedoch werden die anderen das so schnell nicht mitbekommen. Sie werden ihn lediglich ab und zu fragen: »Wieso siehst du eigentlich in letzter Zeit so gut aus? Dir scheint es ja richtig toll zu gehen! Wohl im Lotto gewonnen, oder?«

Der Aussteiger hat mehr gewonnen als einen Sechser im Lotto: Ein Leben, das ihm Glück bringt!

· ·

Erste Schritte für alle, die aus dem Sinnlosigkeits-Spiel aussteigen wollen

– Wenn Sie selbst schon keinen Sinn in Ihrem Leben sehen, dann unterstützen Sie den Sinn von anderen. Widmen Sie ein paar Stunden in der Woche einer wohltätigen Organisation oder irgendeinem Menschen in Ihrer Nähe, der selbst ein Ziel verfolgt. So bekommen Sie erst einmal mit, daß Freude automatisch anfällt, wenn man ein Ziel hat, auch wenn es zunächst die Freude der anderen ist.

– Entscheiden Sie sich selbst für ein Ziel. Suchen Sie sich für den Anfang ein möglichst bescheidenes aus: die Wände streichen oder Ordnung in Ihre persönliche Buchhaltung bringen. Freuen Sie sich an Ihrer Leistung!

– Denken Sie jeden Tag fünf Minuten über den Satz nach: Mein Leben hat keinen Sinn, außer dem, den ich ihm gebe. Und dann geben Sie Ihrem Leben nur für diesen einen Tag einen Sinn. Nehmen Sie sich nur für diesen einen Tag ein Ziel vor.

»Ich tue alles für andere, aber keiner macht etwas für mich!«

Als Klagelied vieler Familienmütter ein absoluter Klassiker: »Ich schufte mich für euch kaputt, aber ihr tut nie etwas für mich!« Der Mann, ein Pascha, der nach seinem Job nur noch von vorn bis hinten bedient werden will, und dafür noch nicht einmal »danke« sagt. Die Kinder, sadistische Ungeheuer, die der Mutter wie Vampire die letzte Kraft aus dem Körper saugen. Aber wenn sie irgendwann tot umfällt, dann werden sie alle schon sehen, was sie an ihr gehabt haben. Denn daß sie bei dieser Belastung noch lange leben wird, ist recht unwahrscheinlich. Die liebe Familie – alle nur Nägel zu ihrem Sarg!

Die Vorstellung, wie dann alle weinen und sie vermissen werden, ist ihr einziger Trost in ihrem Jammertal. Erst nach ihrem Tod wird sie so geliebt und geschätzt werden, wie sie es eigentlich heute schon verdient. Von dieser Genugtuung gönnt sie sich ab und an schon jetzt eine kleine Kostprobe und malt ihrer Teufelsbrut und derem Erzeuger die Schrecken eines Lebens ohne ihren 24-Stunden-Service aus: keiner mehr, der ihnen die Butterbrote schmiert. Keiner, der ihnen die Wäsche macht und die Hemden bügelt. Niemand, der ihnen die Waden wickelt, wenn sie Fieber haben. Einen Haufen Verlorener wird sie zurücklassen, die ohne ihre fleißigen Hände und ihre nimmermüde Opferbereitschaft der Verkommenheit preisgegeben sind.

In dieser Lage wird Papa sich gezwungen sehen, eine andere Frau zu heiraten (Wozu sind Frauen auch sonst da, als die Familie zu umhegen und zu pflegen?). Aber dann fängt der Horror erst richtig an. Dann habt ihr eine Stiefmutter! Und wie die sind, das weiß man ja.

Nein, sie ist nicht ersetzbar, weil niemand, niemand auf dieser Welt seine Familie so liebt wie sie. Würde sie sonst so schuften? Andere Frauen reiben sich für Mann und Kinder nicht so auf! Man braucht sich doch nur mal umzuschauen: Wie sieht es denn zum Beispiel bei Adam-Ketzers aus? Die reinste Rumpelkammer, wann auch immer man da vorbeischaut. Neulich stand mittags noch eine leere Flasche Wein im Wohnzimmer, vom Abend vorher! Und die Betten waren auch noch nicht gemacht! Da kann sich eine Familie doch nicht wohl fühlen! Da kommt doch keiner gern nach Haus! Glaub nur nicht, daß die Adam-Ketzer jeden Mittag für ihre Kinder kochen würde. Sie stellt ihnen Obst und Brote auf den Tisch, und damit hat es sich. Die macht es sich wirklich einfach!

Und die Frau Weigert von schräg gegenüber ist auch nicht besser! Sie selbst ist immer schick, alles vom Feinsten. Aber ihre Kinder läßt sie in uralten Klamotten rumlaufen. Selbst zur Hochzeit ihrer jüngsten Schwester hatte der Junge nur Jeans und Pulli an. Ich hab' die Fotos gesehen. So fühlt er sich am wohlsten, meinte sie auch noch.

Ja, andere Frauen machen es sich wirklich leicht. So eine bin ich nicht. Zu mir kann man kommen, wann man will, immer ist alles in Schuß! Auch mein Mann: immer tipptopp! Und die Kinder, was soll ich da sagen: Die nehmen überhaupt keine Rücksicht. Den neuen, hellblauen Nicki hat Peter schon beim ersten Mal ruiniert. Seine Fahrradkette ist ihm unterwegs abgesprungen! Diese Schmiere bekomme ich doch nicht einmal mit Beriel raus!

Alles in Schuß, und Mutter selbst erschossen. Und niemand, niemand honoriert ihre übermenschliche Leistung. Wieviel müßte eine Hausfrau und Mutter eigentlich verdienen, wenn sie für ihre Arbeit bezahlt würde? Waren das nicht um die 4000 Mark? Aber sie bekommt noch nicht einmal ein Dankeschön. Wenn sie noch einmal von vorn anfangen könnte, eine Familie würde sie mit Sicherheit nicht mehr haben wollen! Undank ist der Welt Lohn! Auch Alleinlebende sind vor dieser Erfahrung nicht geschützt. Was tut man nicht alles für seine Freunde! Zum Beispiel, als Greta krank war. »Nicht nötig, daß du vorbeikommst«, meinte sie. »Ich habe alles, was ich brauche. Und wenn ich krank bin, bin ich wie ein Tier. Dann ziehe ich mich am liebsten zurück.« Typisch Greta! Immer die Tapfere spielen, auch wenn sie aus dem letzten Loch pfeift. Aber man weiß doch, wie man sich fühlt, wenn man krank ist: Da braucht doch jeder ein bißchen Beistand. – Natürlich bin ich hingefahren. Ich bin doch ihre Freundin. Ein Grillhähnchen habe ich noch mitgebracht, weil sie das so gern mag. Naja, sie hat kaum etwas davon gegessen. Da sieht man, wie schlecht es ihr ging! Das Bett habe ich ihr frisch überzogen und die Wohnung ein bißchen aufgeräumt. Danach habe ich mich zu ihr gesetzt und versucht, sie aufzuheitern. Ein paar lustige Geschichten von der Party letzten Samstag habe ich ihr erzählt, damit sie mal auf andere Gedanken kommt. Ich hätte auch was Besseres zu tun gehabt an diesem Tag!

Na, und als ich dann vor einer Woche die Grippe hatte – bestimmt habe ich mich bei ihr angesteckt –, wissen Sie, was sie da zu mir gesagt hat? »Maria, brauchst du 'was? Nein? Dann schlaf' dich mal gründlich aus! Das kuriert so eine Grippe am besten!« Kümmert man sich so um eine Freundin? Ich darf gar nicht daran denken, was ich für Greta schon alles getan habe. Aber mich, mich behandelt sie wie ein Dienstmädchen.

Das Opfer-Spiel und seine Spielregeln

In den letzten Jahren ist das Opfer-Spiel ein bißchen aus der Mode gekommen. In nicht wenigen Fällen wurde es durch das schon geschilderte Ich-kann-mich-nur-auf-mich-verlassen-Spiel ersetzt. Dieses Spiel ist für einen modernen, berufstätigen Menschen, den auch nicht mehr ganz so taufrischen Yuppie, einfach passender. »Opfer« klingt so altmodisch! Das kennt man ja noch von seiner Mutter oder Großmutter! Doch in beiden Spielen geht es darum, daß einer für alle schuftet.

Aber nicht nur Generationen von Müttern haben früher und auch heute noch nach den Regeln des Opfer-Spiels ihren kläglichen Alltag gestaltet, Opfer-Spieler kann im Prinzip jeder werden. Einen Täter sollte er allerdings schon zur Hand haben, sonst macht das schönste Opfer-Spiel keinen Spaß mehr. Und Familienmitglieder sind nun einmal die idealen Spielpartner, weil sie sich nicht so schnell aus dem Staub machen können. Zur Not tut es aber auch ein Lebensgefährte, mit dem man fest verbandelt ist. Getrennte Wohnungen machen es nun einmal schwerer, es im Opfer-Spiel zur Perfektion zu bringen. Denn wer nicht immer anwesend ist, der kann auch meist nicht ganz soviel für einen anderen ackern. Zwar lassen sich Jammerarien auch am Telefon vorsingen, aber das hat einen gravierenden Nachteil: Im schönsten Trällern kocht dem Täter die Suppe im Topf über, oder das Badewasser muß abgestellt werden. Nichts geht über einen Täter, der ständig verfügbar ist.

In so ganz normalen Familien endet jede Spielrunde mit einem Unentschieden. Das Opfer hat die viele, viele Arbeit, leistet einen Liebesdienst nach dem anderen. Der Rest der Gemeinschaft oder auch nur ein einzelner bekommt dafür eine Portion Schuldgefühl, die er nicht so schnell schlucken kann, wie er manchmal vorgibt.

Denn erstens weiß der Täter selbst nur zu genau, daß er sich gern Arbeit abnehmen läßt. Zweitens hat er längst festgestellt, daß es überhaupt keinen Zweck hat, das Opfer zu entlasten, um eigene Schuldgefühle zu vermeiden. Frühere Versuche in dieser Richtung sind meist gescheitert: Fast nie hat er irgend etwas zur Zufriedenheit des Opfers erledigt. Auch deshalb ist er in seiner Täterrolle mittlerweile so richtig aufgegangen.

Von Zeit zu Zeit, wenn seine Schuldgefühle ihm wie Sodbrennen aufstoßen, rafft sich der Täter zu Wiedergutmachungsleistungen auf. Je schlechter sein Gewissen, um so größer der Brillant. So erreicht er eine Ruhepause im Opfer-Spiel. Doch die nächste Runde kommt bestimmt: Sich einmal im Jahr mit ein paar Mark mehr oder weniger freizukaufen, nein, so billig kommt der Täter nicht davon! Dazu ist das Opfer fest entschlossen.

Denn Opfer-Spieler sind Gewohnheitstäter. Als kleine Opfer-Spieler-Anwärter hatten viele das Pech, jüngere Geschwister zu haben. Und dadurch haben sie gelernt, daß man nur richtig geliebt wird, so ganz ohne Wenn und Aber, wenn man klein, niedlich und süß ist. Aber sie waren ja immer die Großen, die schon vernünftig sein mußten. Die, die der Mutter schon geholfen haben. Die ihre kleinen Geschwister im Kinderwagen schieben mußten, wo sie doch eigentlich viel lieber Rollschuh gelaufen wären. Und wenn sie ein richtig schönes Bild gemalt haben, hat die Mutter auch nie so begeistert gejuchzt wie bei den Krakeleien des Hosenscheißers. Ein Mini-Opfer-Spieler mußte immer irgend etwas ganz Besonderes leisten, um überhaupt noch Beachtung zu finden. So ungerecht ist die Welt!

Und nun hängen sie an ihrer eingespeicherten Opfer-Platte, als wäre es die reinste Freude. Ist es aber nicht. Denn die Liebe, die Anerkennung, die sie sich mit ihrer großen Leistung und ihrer vielen Arbeit erkaufen wollen, die bekommen die Opfer-Spieler nicht. Mehr oder weniger deutlich spüren sie, daß sich die anderen in ihrer Gegenwart nicht sehr wohl fühlen. Das spornt die Spieler zu immer größeren Leistungen an. Am Ende versprechen sie den Tätern auch noch, daß sie ihnen das letzte Hemd opfern würden. Und die Täter fühlen sich erpreßt. Keine sehr gute Voraussetzung für Liebe.

Sich-lieben-Lassen ist im Denksystem des Opfer-Spielers eigentlich sowieso nicht vorgesehen. Liebe setzt er ja mit Leistung gleich. Und da er den anderen schon alle Arbeit abnimmt, wie sollen sie ihm dann beweisen, daß er geliebt wird? Ein liebender Gatte würde seine Frau schließlich nicht zu einer Hausangestellten machen. Der würde sie auf Händen tragen! Wie sich ein Mann verhält, der eine Frau liebt, konnte man doch in »Pretty Woman« sehen. Richard Gere hat aus seinem Aschenputtel eine wahre Königin gemacht. »Und wie seh' ich heute wieder aus! Fix und fertig, weil ihr mich so schafft!«

Abends möchte man ja nur noch die Beine ausstrecken, aber man bekommt die Kinder ja nicht ins Bett. Und der Mann will auch noch dieses oder jenes. Als wenn ich dann noch Lust hätte, so geschlaucht, wie ich bin. Aus Erfahrung weiß die Opfer-Spielerin, daß sich der erotische Appetit ihres Gefährten im Nu verflüchtigt, wenn sie ihm erst mal tüchtig etwas vorjammert.

Denn das Opfer-Spiel ist auch eine hervorragende Methode, sich vor allem zu drücken, was mit Liebe, Gefühlen und Sexualität zu tun hat. Wer weiße Rüschenkrägelchen bügeln muß, hat schließlich keine Zeit, mit seinen Kindern zu spielen oder etwas zu unternehmen. *Doch ganz tief drinnen hat der Opfer-Spieler nur eine Heidenangst, die emotionalen Bedürfnisse anderer Menschen nicht befriedigen zu können.* Und deshalb ist er ständig bemüht, seine Zeit mit irgend etwas anderem auszufüllen.

Männer hatte man ja schon lange in Verdacht, nur aus diesem Grund jeden Abend bis zehn Uhr am Schreibtisch zu sitzen. Daß Frauen sich vor Gefühlen genauso drücken können, ist ein bißchen schwerer zu verdauen. Vor allem, wenn es so gut kaschiert ist wie bei Opfer-Spieler-Müttern und -Partnerinnen. Männer reden sich mit ihrem Beruf heraus. Aber Opfer-Spielerinnen tun *alles* für die Familie. Nur nicht das Wichtigste: lieben, streicheln, schmusen, spielen, reden, zuhören, trösten, verstehen, lachen … – Gelacht wird in Opfer-Spieler-Familien fast nie. *Dafür* fehlt die Zeit, *dafür* ist der Opfer-Spieler viel zu erschöpft.

Er drückt sich, weil er tatsächlich nicht lieben kann. *Er braucht die anderen, damit sie ihn brauchen.* Aber er liebt sie nicht. Das Jammern über seine eigene Opferrolle, das Grübeln über die scheinbare Ungerechtigkeit (je mehr Leistung er gibt, desto weniger Liebe bekommt er) macht ihn taub und blind für die Gefühle der anderen. Sonst könnte er nachvollziehen, wie sich Menschen fühlen, denen das letzte Hemd geopfert wird. In seiner tiefen Depression ist der Opfer-Spieler nur noch auf sich selbst bezogen.

Einigermaßen sicher fühlt er sich nur, wenn andere von ihm abhängig sind. Dann können sie ihn wenigstens nicht verlassen, meint er. Deshalb wehren sich Opfer-Spieler-Mütter so sehr dagegen, daß ihre Kinder selbständig werden. Manchmal betteln sie regelrecht darum, noch ihrem Dreißigjährigen die Wäsche machen zu dürfen, so daß der entnervt zustimmt. Oder sie stecken ihm so viel Geld zu, daß er von dem dadurch höheren Lebensstandard abhängig wird. So haben sie sich bewiesen: Das Kind braucht mich doch!

Aus dem Opfer-Spiel auszusteigen ist ein Horror-Trip!

Verglichen mit dem Ausstieg aus dem Opfer-Spiel ist die viele Arbeit, die der Spieler bisher geleistet hat, beinahe ein Klacks. Denn zu erkennen, daß man bislang einen völlig falschen Weg gegangen ist, um Liebe zu bekommen, ist oft ein beinahe unerträglich großer Schmerz. Besonders dann, wenn man schon mitten in einer Depression drinsteckt. Doch der Ausstieg aus dem Opfer-Spiel ist tatsächlich die einzige Chance, sowohl seine Depression zu überwinden, als auch geliebt zu werden. Aber es wird hart! Keinem fällt es schwerer als dem Opfer-Spieler, eine Arbeit einmal liegenzulassen und dafür etwas zu tun, was Spaß macht. Denn noch macht es ihm ja kein Vergnügen, ins Kino zu gehen, wenn das schmutzige Geschirr noch in der Küche steht. Erst die Arbeit, dann das Vergnügen, ist einer der Leitsprüche des Opfer-Spielers. Aber gerade mit der Hausarbeit wird man nie fertig! Die Wäsche ist gerade gebügelt, da wartet die Familie schon aufs Abendessen.

Mit dieser Zwickmühle kann der Opfer-Spieler nur auf eine einzige Art umgehen: Er muß seinen Beitrag zu nicht gebügelter Wäsche, ungemachten Betten und krümelübersäten Teppichen ändern. Während des Spiels waren für ihn eine blitzblanke Wohnung und wie aus dem Ei gepellte Kinder ein Ausdruck seiner Liebe. Zur Beendigung des Opfer-Spiels könnte er den gegenteiligen Beitrag wählen: Schmutzige Fensterscheiben (oder was sonst nicht ganz perfekt ist) sind jetzt ein Ausdruck dafür, daß ich meine Familie mehr liebe als meine blanken Fenster. Denn die Zeit, die ich bisher aufgewendet habe, um alles in Schuß zu halten, verwende ich jetzt lieber dafür, zusammen mit meiner Familie Spaß zu haben.

Doch jedesmal, wenn die Opfer-Spielerin auf die verdreckten Fenster schaut, wird sie merken, daß sie selbst es kaum aushält! Es wird sie in den Fingern jucken, sofort zu Eimer und Lappen zu greifen! Aber ohne daß sie ihren eigenen Widerstand bricht, kommt sie aus dem Spiel nicht heraus. *Denn Glück ist eine Überwindungsprämie.*

Die Überwindung wird der Opfer-Spielerin leichter fallen, wenn sie sich vergegenwärtigt, daß ihr Ziel eine harmonische Familie ist, in der es weder Opfer noch Täter gibt.

Apropos Täter: Wie bringt die Opfer-Spielerin den Rest der Gemeinde aus dieser Rolle heraus? Eine der meistgestellten Fragen lautet: Wie bringe ich meinen Partner dazu, mir im Haushalt mitzuhelfen? Mittlerweile sollte es doch auch noch dem letzten Chauvi klar sein, daß Partnerschaft Arbeitsteilung bedeutet, besonders dann, wenn die Frau auch einen Job hat.

Doch in den meisten Lebensgemeinschaften wird der Streit darum, wer was macht, zur unendlichen Geschichte. *Sie* beschwert sich ständig, daß er ihr nie hilft, und fährt von Zeit zu Zeit auch mal heftiger aus ihrer Haut. Ist die Szene eindrucksvoll genug, gibt er für kurze Zeit nach, um alsbald wieder in die Rolle des Paschas zu verfallen.

Wer immer gesagt bekommt, daß er ein Pascha ist, der wird auch einer bleiben. Denn Menschen neigen dazu, sich so zu verhalten, wie andere es von ihnen erwarten. Das kommt Ihnen bekannt vor, oder? Sie haben es schon im 2. Kapitel gelesen.

Dem Opfer-Spieler wird es am wirkungsvollsten gelingen, den oder die Täter aus ihrer Rolle herauszubringen, wenn er ihnen eine neue Rolle schreibt. Natürlich sollte sie so attraktiv sein, daß die Täter sie lieber spielen als ihre alte. Denn auch ein Täter kann enorm stur sein, da er natürlich nur dann motiviert ist, sich zu ändern, wenn er sich davon größere Vorteile verspricht, als er sie bisher abgesahnt hat. Sich ein bequemes Leben machen zu können, ist schließlich kein geringer Nutzen. Deshalb verhält sich das Opfer am klügsten, wenn es den Tätern in glühenden Farben schildert, wie toll sie alle zusammenleben können, wenn jeder einen Teil seiner Arbeitskraft beisteuert. Dann wäre plötzlich mehr Zeit da, sich richtig schöne Abende zu machen! Dann hätten sie eine Frau oder eine Mutter, die gutgelaunt und ausgeglichen ist und nicht ständig meckert und jammert!

Wer als Opfer aus dem Spiel aussteigen will, muß Vorleistungen bringen. Die meisten Frauen machen den Fehler, daß sie Vorleistungen von den Tätern erwarten: Es muß doch schließlich jeder einsehen, daß er sich kein leichtes Leben auf Kosten eines anderen machen darf! Für das Opfer scheint das so selbstverständlich, daß es an der Uneinsichtigkeit des Partners nahezu verzweifelt. Es sieht ja nicht seine eigene Rolle in dem Opfer-Spiel. Die durchschaut jeder immer erst dann, wenn er aus dem Spiel aussteigt und es von außen betrachten kann.

Natürlich verpufft die Motivation eines Täters in Null Komma nichts, wenn die Aussicht auf ein fröhlicheres Miteinander sich nicht verwirklicht. Auch deshalb gehört es zu den Vorleistungen des Opfers, die Ex-Täter für den Ausstieg aus ihrer Rolle zu belohnen. Im Klartext heißt das: Auch das loben, was man eigentlich selbstverständlich findet. Tatsächlich mit dem Ex-Täter ein paar richtig schöne Dinge unternehmen, weil man jetzt mehr Zeit hat für Spaß und Freude. Wenn Sie schon erste Bemühungen belohnen, haben Sie bessere Aussichten, aus Ihrem Pascha einen Partner zu machen, als wenn Sie kritisieren und nörgeln. Also binden Sie sich lieber die Hände fest, als die Hemden noch einmal nachzubügeln, die Ihr Mann laienhaft geplättet hat!
Übrigens: *Opfer-Spieler, die aus ihrem Spiel aussteigen, sind leicht zu lieben!*

Erste Schritte, um leichter aus dem Opfer-Spiel herauszukommen

– Machen Sie sich selbst eine Freude! Tun Sie irgend etwas, das Sie gern tun würden, wenn Sie nicht soviel schuften müßten! Besuchen Sie eine Ausstellung, verplaudern Sie einen Nachmittag oder einen Abend mit einer Freundin in einem Lokal! Dafür müssen Sie jedoch eine Arbeit liegenlassen! Zunächst wird Ihnen diese Übung nicht viel Spaß bringen! Wiederholen Sie sie so lange, bis sie Ihnen Freude macht, und zwar konsequent einmal pro Woche. Reservieren Sie sich an einem Tag ein paar Stunden nur für sich selbst!

– Eine Woche lang machen Sie nur noch die Dinge, die Sie wirklich wollen. Überlegen Sie sich bei jeder neuen Arbeit, ob Sie sie tatsächlich tun wollen. Die Aufgaben, von denen Sie meinen, daß sie nur den anderen nutzen, erledigen Sie nicht mehr. Sie werden merken, daß es *Ihnen* wichtig ist, wenn die Schuhe geputzt sind. Und daß Sie im Grunde schon immer sehr viel getan haben, weil es Ihnen wichtig war und nicht dem Partner und Ihrer Familie.

– Prüfen Sie Ihre Freunde! Wenn Sie den Eindruck haben, daß Sie ausgenutzt werden (und sich ausnutzen lassen!), beginnen Sie damit, Bitten auch einmal abzulehnen. Suchen Sie sich für Ihr erstes Neinsagen jemanden aus, an dem Ihnen sowieso schon lange nichts mehr liegt. Auf dessen »Freundschaft« können Sie am leichtesten verzichten.

»Kein Wunder, daß ich so bin!«

Bei diesen Eltern ist es wirklich kein Wunder, daß ich heute so beziehungsgestört bin! Wissen Sie, meine Mutter war eine dieser überbesorgten Glucken, die mir nie irgendeinen Freiraum gelassen hat. Von klein auf hab ich gelernt, daß Liebe etwas ist, vor dem man sich schwer in acht nehmen muß. Wenn mir heute jemand zu nahe kommt, dann fühle ich mich sofort wie geknebelt. Daß es mit mir und den Männern nicht klappt, habe ich meiner Mutter zu verdanken. Heutzutage weiß man doch, daß solche frühkindlichen Prägungen entscheidend für das ganze Leben sind. Das sagt mein Analytiker übrigens auch.

Keine Spezies auf dieser Welt macht soviel falsch wie Eltern. Die Literatur, in der Mama und Papa Punkt für Punkt nachgewiesen wird, warum aus ihrem Sprößling ein Frauenheld, Krimineller, Neurotiker oder Tablettensüchtiger werden mußte, füllt mittlerweile ganze Bibliotheken. Wen wundert es da noch, daß Christian Brando den Freund seiner Schwester erschossen hat. Wer einen solchen Egomanen wie Marlon Brando zum Vater hat, aus dem kann doch nichts werden!

Und die arme Liza Minelli! Alkoholprobleme, Tablettensucht – und warum? Weil ihre Mutter, diese krankhaft ehrgeizige Judy Garland, das Kind so vernachlässigt hat. Materiell ging es der kleinen Liza ja nicht schlecht, aber was nützt das schon, wenn die Mutterliebe fehlt.

Das sind jedoch nur die offensichtlichen Fälle. So einfach ist es nicht immer herauszubekommen, was in der Kindheit falschlief. Heinzi ist praktisch nur durch einen Zufall draufgekommen. Auf den ersten Blick hat er immer geglaubt, bei ihm zu Hause sei alles ziemlich in Ordnung gewesen. Vor kurzem hat sich seine Mutter verplappert und ihm erzählt, daß sie ihn zunächst gar nicht gewollt hat! Das war ein richtiger Schock für Heinzi! Aber wenigstens ist ihm nun klar, warum er jeder Frau hinterherrennen muß. Im Grunde sehnt er sich nur nach Mutterliebe!

Bei Gitte liegt es am Vater: Von dem hat sich ihre Mutter schon scheiden lassen, als Gitte erst drei war. Nun sucht sich Gitte nur noch Männer aus, die mindestens zwanzig Jahre älter sind als sie. Gitte weiß zwar, daß das ihre eigene Entwicklung stört, weil die Typen sie wie ein kleines Mädchen behandeln. Aber was soll sie machen? In jüngere verknallt sie sich nun mal nicht!

Verglichen mit Gabi kann Gitte aber noch froh sein. Für Gabis Vater war es die größte Enttäuschung, daß sie ein Mädchen ist. Deshalb hat er versucht, aus ihr einen richtigen Jungen zu machen. Und das ist ihm auch gelungen! Es ist beinahe zwanghaft, wie Gabi versucht, jedem Mann zu beweisen, daß sie mehr kann als er. Kein Wunder, daß die alle Angst vor ihr haben und Reißaus nehmen!

Aber glauben Sie mir, jeder hat sein Päckchen zu tragen, wirklich jeder. Neulich haben wir im Freundeskreis über unsere Eltern gesprochen, total ehrlich. Fritzi zum Beispiel kommt mit ihrem Examen nicht zu Rande, weil ihr Vater sie immer unter einen enormen Leistungsdruck gesetzt hat. Nun hat sie Angst davor, einmal keine Eins zu schreiben, und ist deshalb so blockiert, daß sie überhaupt nichts mehr tut.

Peter hat ein ganz anderes Problem: Er hat sich für seine Eltern immer so geniert. Er kommt aus ganz, ganz einfachen Verhältnissen. In einem richtigen Armeleuteviertel hat seine Familie gewohnt. Und der Vater rannte zu Hause immer im Unterhemd herum. Das alles war Peter so peinlich, daß er lieber erst gar keine Freundschaften geschlossen hat. So hat auch niemand mitbekommen, wie es bei ihm daheim zuging. Ist doch klar, daß er heute ein absoluter Einzelgänger ist.

Bei Sabine war es umgekehrt: superreiche Eltern, der absolute Wahnsinn, und unglaublich von sich eingenommen! Die haben immer großen Wert darauf gelegt, daß Sabine nur »in ihren Kreisen« verkehrt. Zu normalen Leuten waren die entsetzlich herablassend. Heute hat Sabine Probleme in ihrer Firma, weil sie sich wie eine Prinzessin aufführt.

Aber wenn man das alles seinen Eltern heute sagen will, dann sind sie auch noch beleidigt. – »Hab' du erst mal selber Kinder«, antwortete meine Mutter. Und dann erzählt sie mir auch noch, daß ihre Eltern ebenfalls nicht die tollsten gewesen seien. Als wenn das eine Entschuldigung wäre!

Das Meine-Eltern-sind-schuld-Spiel
und seine Spielregeln

Ein wunderbares Spiel, weil es sich auch im großen Kreis hervorragend spielen läßt. Zum Thema »Was Eltern an ihren Kindern verbrechen« kann wirklich jeder einen Beitrag zusteuern. Deshalb empfiehlt es sich zum Beispiel, immer dann das Meine-Eltern-sind-schuld-Spiel zu eröffnen, wenn in einer Runde das große Schweigen ausbricht. Aber auch, wenn gerade ein Gegenstand wie »Naher Osten«, »die Krise des Theaters« oder »Medienpolitik« erörtert werden sollte, ist ein eleganter Wechsel auf das Eltern-Spiel durchaus von Vorteil. So entgeht man der Blamage, seine Unwissenheit auf diesen Gebieten eingestehen zu müssen.

Um eigene Kindheitstraumata anzubringen, eignen sich als Gesprächsstart Kinder von Prominenten hervorragend, über die man so einiges gelesen hat. Wenn Sie erstmal über andere reden, werden Sie auch nicht verdächtigt, Sie wollten sich in den Mittelpunkt drängen.

Im Meine-Eltern-sind-schuld-Spiel ist die Anteilnahme der anderen jedoch nur als ein willkommenes Nebenprodukt anzusehen. In Wirklichkeit geht es eher darum, jedem begreiflich zu machen, wie fantastisch man wäre, hätte man nicht ausgerechnet diese Eltern gehabt. Das baut einen natürlich auch selbst auf.

Weil fast jeder nicht ganz so ist, wie er gern wäre, ist im Nu der schönste Jammerchor beisammen. Auch vor Leuten, die selbst Kinder haben, braucht niemand ein Blatt vor den Mund zu nehmen. Wer selber Mutter oder Vater ist, macht bei den eigenen Kindern natürlich alles ganz anders und viel besser. Die Tatsache, daß auch Eltern Eltern haben, qualifiziert sie von Haus aus für dieses Spiel.

Ein weiterer nicht zu verachtender Vorteil des Spiels liegt darin, daß es sich auf jedem Niveau spielen läßt. Auch in intellektuellen Kreisen ist es ein Dauerbrenner. Einem psychologisch oder soziologisch Vorgebildeten können Sie keine größere Freude machen, als ihm das Drama Ihrer Kindheit minutiös zu berichten. Da hat er endlich eine gute Gelegenheit, sein gesamtes Wissen an den Mann oder an die Frau zu bringen. Und Sie erhalten eine wissenschaftliche Diagnose zum Nulltarif. Bei den Therapiekosten heutzutage sparen Sie dabei so manche sauer verdiente Mark.

Natürlich ist es auch nicht übel, wenn man selbst viele Beweise sammelt, warum man so verkorkst ist. So hat man immer ein passendes Argument zur Hand, wenn die eigenen Eltern die Erziehungsfehler auch noch rechtfertigen wollen. Entschuldigungen akzeptiert man nämlich nicht. Und Verzeihen ist der Kardinalfehler überhaupt im Meine-Eltern-sind-schuld-Spiel. Erstens wäre es damit sofort zu Ende, und zweitens entgingen Ihnen eine Menge der Wiedergutmachungsleistungen, mit denen schuldbeladene Eltern sich freizukaufen versuchen.

Selbstverständlich wäre ein Spieler niemals so blöd, Dienstleistungen und finanzielle Zuwendungen seiner Eltern nicht anzunehmen, denn eine Ablehnung ihrer Liebesbeweise können Eltern schließlich nur schwer verkraften. Nein, so gemein möchte man nicht sein und die eigenen Eltern schlecht behandeln. Deshalb erklärt der Spieler ihnen schonend, daß er zwar ihren guten Willen schätzt, sie aber nicht glauben sollten, ihre Schandtaten von früher würden durch Sach- und Dienstleistungen von heute aufgehoben. Nein, nein, es läßt sich nichts mehr rückgängig machen!

Für sich selbst zieht der Spieler aus dieser Tatsache allerdings keinen Schluß und verpufft seine Energie lieber durch die Beschäftigung mit der Vergangenheit. Das raubt ihm natürlich die Kraft, in der Gegenwart etwas zu verändern. Eine Entwicklung des Spielers zum selbstverantwortlichen Individuum ist im Spiel auch nicht vorgesehen. Das würde ja sämtliche Theorien über den Einfluß der Eltern auf die Entwicklung des Kindes über den Haufen werfen. Und das mag der Meine-Eltern-sind-schuld-Spieler weder der Wissenschaft noch sich selbst antun. Dafür sollen doch weiterhin die Alten ihren Kopf hinhalten! Das wird man ihnen schon zeigen, wohin ihre Erziehungsmethoden geführt haben!

Da niemand, wirklich niemand, aus seiner anerzogenen Haut heraus-kann, sucht auch noch der Fünfzigjährige per Anzeige eine Partnerin »aus gutem Hause«. Bei einer anderen weiß man doch nicht, ob sie es im Laufe ihres Lebens aus eigener Kraft gelernt hat, mit Messer und Gabel zu essen.

Wer aus dem Spiel aussteigt, ist selber schuld!

Wer nicht länger nur ein Produkt seiner Eltern bleiben, sondern lieber ein Produkt seiner selbst werden will, der muß das Meine-Eltern-sind-schuld-Spiel auf der Stelle aufgeben. Er verliert damit allerdings ein hervorragendes, allgemein akzeptiertes Alibi für eigene Fehler und Mißerfolge. Außerdem sollte sich jeder darüber im klaren sein, daß er sich mit dem Ausstieg aus dem Spiel eine Menge Arbeit aufbürdet.

Von heute auf morgen wird kein Mensch vom Eigenbrötler zum Star aller Parties! Und eine gestörte Geschlechterbeziehung löst sich ebenfalls nicht in Windeseile auf. Da heißt es: üben, üben und nochmals üben! Der erste Schritt für Aussteiger besteht immer darin, daß sie den eigenen Eltern verzeihen. Das fällt einem leichter, wenn man einsieht, daß man vielleicht ein bißchen viel von seinen Eltern verlangt. Denn viele erwachsene Kinder benehmen sich so, als hätten ihre Eltern den ersten Preis in einem Persönlichkeitswettbewerb gewinnen müssen.

Natürlich will ich nicht verschweigen, daß es Verletzungen in der Kindheit geben kann, über die keiner so schnell hinwegkommt. Schwerwiegende körperliche und seelische Mißhandlungen von ständigen Prügeln bis hin zur Vergewaltigung durch den Vater machen eine Versöhnung oft unmöglich. Die einzige Methode, solche Traumata trotzdem zu verarbeiten, ist Nachweinen. Dabei kann die Hilfe eines Bioenergetik- oder Gestalttherapeuten sehr sinnvoll sein, um verschütteten Schmerz durchzustehen, bis man ihn überwunden hat. Dadurch verzeiht man zwar nicht unbedingt seinen Eltern, versöhnt sich aber mit dem eigenen Schicksal.

Wer seinem Kindheitsschmerz jedoch ausweicht, wer nicht nachweinen will, der wird sich ein Leben lang als Opfer seiner Eltern fühlen. Denn der Meine-Eltern-sind-schuld-Spieler bekommt ein Leben ohne Glück als Garantieschein mit dem Spiel mitgeliefert. Die Knüppel, die seine Eltern ihm auf seinem Lebensweg zwischen die Beine geworfen haben, hütet der Spieler wie einen Schatz und baut mit ihnen die unpassierbare Schranke, die ihn von einem selbstverantwortlichen Leben trennt.

Will er aus dem Spiel aussteigen, bleibt ihm nichts anderes übrig, als sich für immer von diesen Knüppeln zu trennen. Nun hat er nichts mehr in der Hand, womit er auf diejenigen einschlagen kann, die so ungerecht waren, ihn zu kritisieren und mehr von ihm zu fordern, als er zu leisten bereit war.

Jetzt hat er sein Leben selbst in der Hand und kann daraus machen, was er will. Klar, daß das zunächst recht stark verunsichert. Noch hat sich der Spieler ja nicht sehr viele Gedanken darüber gemacht, wo er eigentlich hinwill. Sämtliche Wege aus seiner Misere hinaus schienen ihm versperrt zu sein. Zu dem deprimierenden, aber wenigstens exakt gezeichneten Bild, das er von sich selbst hatte, kann er sich nun für alle Zukunft verabschieden, jetzt ist er gezwungen, ein neues Bild von sich selbst zu entwerfen, eine Vision zu entwickeln. Was will ich erreichen, oder wie möchte ich gern sein? Diese Fragen lenken den Blick in die

Zukunft. Da der Spieler in der Vergangenheit allerdings seine Ich-kann-nicht-anders-Rolle so gut gespielt hat, wird er in seinem neuen Part zunächst einmal nicht von allen akzeptiert werden. Da geht es ihm nicht anders als zum Beispiel Götz George, den alle nur noch als Tatort-Schimanski sehen wollen. Einen verklemmten Biedermann würde ihm niemand mehr abnehmen. Die Ablehnung der anderen macht einen Ex-Spieler natürlich noch anfälliger für Rückschläge.

So ein automatisches Hineinrutschen in das alte Spiel läßt sich zwar nicht immer verhindern, aber das ist auch nicht weiter tragisch. Wer sich bewußt ist, daß ihn die Macht der Gewohnheit mal wieder überrumpelt hat, der kann zwinkernd aus dem Spiel aussteigen und gegebenenfalls seine Eltern um Verzeihung bitten. Das wäre natürlich das Größte, wenn der Ex-Spieler genau dazu in der Lage wäre.

Fragt jetzt jemand, wofür er um Verzeihung bitten soll? – Aber das ist doch sonnenklar! Dafür, daß er seine Eltern bisher mit seinen Vorwürfen, Schuldzuweisungen und Aggressionen gequält hat. Und das nur deshalb, weil er immer noch an der Nabelschnur hing. Denn Meine-Eltern-sind-schuld-Spieler sind so abhängig von Mama und Papa wie niemand anderer.

Hätten sie nämlich richtige Traumeltern gehabt, wären die Spieler die Übeltäter und damit ihr Alibi los, und obendrein ihre Rolle als Staatsanwalt.

Doch was habe ich neulich von einer Mutter gehört: »In den Augen der Kinder kann man machen, was man will. Man macht es sowieso immer verkehrt!« Unter diesen Umständen kann jeder von Glück reden, daß seine Eltern immerhin so viel für ihn getan haben, daß er irgendwie groß wurde. In einem anderen Job würden die meisten bei diesen Aussichten die Arbeit sofort niederlegen!

....

Erste Schritte, um Verantwortung für sich selbst zu übernehmen

– Spielen Sie in der Kindheit Ihrer Eltern Detektiv. Lassen Sie sich von Ihrer Mutter und Ihrem Vater erzählen, wie diese selbst Ihre Kindheit erlebt haben. Bei Ihren Recherchen könnte herauskommen, daß Ihre Eltern es bei Ihnen tatsächlich besser gemacht haben.

– Wechseln Sie Ihren Blickwinkel! Bisher haben Sie Ihre Eltern immer aus der Kinder-Perspektive gesehen. Nun könnten Sie mal in Gedanken in die Rolle des Psychotherapeuten schlüpfen. Ein guter Therapeut allerdings sagt seinen Patienten nicht, wie die sich verhalten sollen! In der Therapeutenrolle würden Sie sehen, daß auch Ihre Eltern nur geliebt werden wollen. Vielleicht fällt es Ihnen dann tatsächlich leichter, Ihnen manches zu verzeihen.

– Machen Sie das wieder an sich gut, was Ihre Eltern Ihrer Meinung nach an Ihnen verbrochen haben. Greifen Sie sich zum Beispiel irgendeine Angst heraus, die in Ihrer Kindheit begründet liegt. Ihre Ängste zeigen Ihnen das Tor zur Freiheit! Versuchen Sie, Ihre Angst Schritt für Schritt zu überwinden. Sollten Sie zum Beispiel die Angst haben, Menschen könnten Ihnen zu nahe kommen, so überwinden Sie diesen inneren Widerstand am ehesten dadurch, daß Sie sich ganz bewußt einer bestimmten Person immer mehr öffnen. So gewinnen Sie langsam das Vertrauen, daß Ihnen nichts Böses geschieht, wenn Sie mehr aus sich herausgehen. Im Gegenteil: Sie werden feststellen, daß Ihre Beziehungen dadurch intimer werden.

11. KAPITEL

»Ich weiß nicht, was ich tun soll!«

Wen man fragt, was man machen soll: Jeder sagt einem etwas anderes! »Nehmen Sie Ihre Vitamine immer nüchtern ein«, meinte mein Internist letzte Woche. »Dann kann der Körper sie am besten verwerten.« Und was lese ich heute in einem Apothekerblatt? Man soll Vitamine erst nach den Mahlzeiten schlucken, weil sie sonst die Magenschleimhaut angreifen können! Ich frage Sie: Wer hat nun recht? Wenn sich die Fachleute noch nicht einmal einig sind, wie soll ich dann wissen, was richtig ist?

Neulich zum Beispiel nehme ich extra meine Freundin zum Boutiquenbummel mit. Mir ist es lieber, wenn ich jemanden dabei habe, denn man vergreift sich so leicht. Ich probierte ein Kostüm an, wie es jetzt gerade modern ist: schmale Jacke und eine ganz knappe Bermuda dazu. Ich war mir von vornherein unsicher, ob ich so etwas bei meiner Figur tragen kann. Aber meine Freundin meinte: »Toll schaust du aus! Richtig sexy!« – Ich habe mir das Kostüm dann auch zurückhängen lassen. Am nächsten Tag bin ich noch einmal in der Mittagspause mit einer Kollegin in das Geschäft gegangen. Wissen Sie, was sie mir gesagt hat? »Ria, laß das mit dem Kostüm. Röcke stehen dir einfach besser!«

Was soll ich nun tun? Ich brauche doch dringend etwas Neues zum Anziehen! In der ganzen Stadt habe ich nichts gefunden, was mir wirklich hundertprozentig gefallen hätte.

Es ist wirklich ein Dilemma, wenn man nicht weiß, was man machen soll! Rainer zum Beispiel steckt seit drei Wochen total in der Krise, weil er nicht weiß, ob er sich nun für Kirsten oder Kerstin entscheiden soll. Eine Weile hat er beide Damen ganz gut unter einen Hut bringen können. Nur bei den Namen hat er sich manchmal verplappert! Aber nun ist sein doppeltes Spiel aufgeflogen. Kerstin hat ihm jetzt ein Ultimatum gestellt. Und Kirsten heult ihm die Ohren voll, wie er ihr das antun konnte.

Im Freundeskreis sind die Meinungen ziemlich geteilt. Die einen kommen besser mit Kirsten klar, die anderen mit Kerstin. Hansi hält sich allerdings völlig raus. »Von mir kriegt Rainer keinen heißen Tip mehr! Als ich ihm damals zu dem gebrauchten BMW geraten habe, hat er mir anschließend ein halbes Jahr lang Vorwürfe gemacht, weil die Karre nach zwei Monaten einen Getriebeschaden hatte. Nein, ich sage nichts mehr!« Als wenn man eine Frau mit einem Gebrauchtwagen vergleichen könnte! Hansi macht es sich mal wieder einfach.

Rainer überlegt schon, ob er das ganze Problem nicht einfach aussitzen soll. Über unseren Bundeskanzler hätten früher auch immer alle gelacht, weil »Aussitzen« seine Masche war. Und dann hat sich doch tatsächlich immer alles von selbst zum Vorteil gewendet. Der Kohl hat den Gorbatschow machen lassen, und prompt bekam er die deutsche Einheit fast geschenkt. Wer eine Situation im Griff hat, der ist manchmal wirklich gut beraten, die Entwicklung abzuwarten.

Sich weder für Kirsten noch für Kerstin zu entscheiden wäre schließlich auch noch eine Möglichkeit. Nach Adam Riese würde eine von beiden ihn verlassen. Und diejenige, die bleibt, die liebt ihn! Im Moment neigt Rainer deshalb dazu, die Dinge einfach auf sich zukommen zu lassen. So braucht er sich selbst später wenigstens keine Vorhaltungen zu machen.

Abwarten und Tee trinken! Das sagen die Engländer auch immer. Und ich finde, sie haben damit gar nicht so unrecht. Julia zum Beispiel jammert schon seit ewigen Zeiten, daß sie es in ihrem Job nicht mehr aushält. Ständig überlegt sie, ob sie nicht irgend etwas anderes machen soll. Aber was? Pit rät ihr, einen Kredit aufzunehmen, damit sie endlich ihr eigenes Geschäft eröffnen kann. Jürgen hält das für eine Schnapsidee, weil ja keiner wissen kann, wie sich die Zinsen für Kredite entwickeln. Und wenn das Unternehmen nicht gut läuft, steht Julia da und kann ihr ganzes Leben lang Schulden abzahlen.

Deshalb habe ich Julia gesagt: »Kommt Zeit, kommt Rat. Irgendwann bekommst du bestimmt ein tolles Angebot. Und es ist immer besser, wenn man dich aus deiner Firma rausholt, als wenn du um einen neuen Job bettelst. Das verschafft dir einfach von vornherein eine bessere Position.« Jetzt weiß Julia überhaupt nicht mehr, was sie tun soll. »Ihr macht mich noch ganz verrückt«, jammert sie. Aber was fragt sie auch ständig? Wir wollen ihr doch nur helfen!

Das Was-soll-ich-tun-Spiel und
seine Spielregeln

Dies ist ein sehr beliebtes Spiel, bei dem der Akteur mit einer Grundregel auskommt: Wenn er vor einer Entscheidung steht, befragt er alle Leute, die ihm über den Weg laufen, wie er sich entscheiden soll. Das verschafft ihm auf einen Schlag gleich zwei Vorteile:

1. Je mehr Menschen er nach ihrer Meinung fragt, um so mehr Meinungen wird er hören. Wer nun glaubt, das würde den Spieler zutiefst verunsichern, der hat das Spiel noch nicht ganz erfaßt. Ein perfekter Was-soll-ich-tun-Spieler blufft nämlich, was das Zeug hält. Seine zur Schau getragene Verunsicherung dient ihm in erster Linie dazu, weitere Ratschläge einzuholen. Und das oft genug von denselben Leuten, die er vorher schon befragt hat. Damit diese Leute nicht sauer auf ihn werden, weil er ja doch nie auf sie hört, rückt er im Laufe des Spiels noch mit dem einen oder anderen bedeutsamen Aspekt seines Problems heraus, damit die Entscheidungsfindung so kompliziert wird, wie er sie gern hätte. Denn tatsächlich will sich der Spieler gar nicht entscheiden.
Die endlos vielen Ratschläge braucht er nur, um sich selbst zu beweisen, daß es die einzig richtige Entscheidung gar nicht gibt. Sonst würde ihm ja nicht jeder etwas anderes vorschlagen. Daraus folgert er, daß er sich am besten gar nicht entscheidet. So vermeidet er auch einen falschen Entschluß.

2. Der zweite Vorteil, den der Spieler kassiert, besteht darin, daß er in den Fällen, in denen er um eine Entscheidung nicht herumgekommen ist, sofort einen Schuldigen zur Stelle hat. Nun kann er den schlechten Ratgeber dafür verantwortlich machen, daß die Dinge nicht so gelaufen sind, wie er es versprochen hat.

In manchen Fällen ist es schwer festzustellen, ob man an einen Was-soll-ich-tun-Spieler geraten ist oder ob jemand tatsächlich einen konkreten Ratschlag erwartet. Schließlich hat niemand Lust dazu, sich das Hirn zu zermartern und nach Problemlösungen zu suchen, wenn der andere doch nur in seiner Misere steckenbleiben will oder einen Dummen sucht, dem er hinterher einen Mißerfolg in die Schuhe schieben kann. Durch einen einfachen Test läßt sich die Einstellung des anderen aber hundertprozentig sicher herausfinden. Gehen Sie mit dem Ratsuchenden in ein Restaurant zum Essen! Ein echter Was-soll-ich-tun-Spieler wird sich ewig lange mit der Speisekarte beschäftigen. Ausführlich wird er ihnen berichten, warum die Entscheidung für ihn so schwer ist. Er sollte zwar mehr Salat essen, aber darauf hat er keinen rechten Appetit. Kalbsleber ist ihm zu sehr mit Schwermetallen belastet, obwohl er gern mal wieder eine butterzarte Leber essen möchte. Muscheln wären auch nicht schlecht, aber die sollen in einem anderen Lokal viel besser sein. Nudeln machen leider so dick. Und bei einem Steak weiß man ja nie, ob es wirklich gut abgehangen ist. Selbstverständlich kann sich der Spieler aus diversen Gründen für keinen Ihrer Vorschläge erwärmen. Wenn Ihr Magen langsam in der Kniegegend hängt, wird der Was-soll-ich-tun-Spieler den Kern seiner unentschlossenen Persönlichkeit endgültig offenbaren und Sie fragen: »Und was ißt du?«

In fast allen Fällen wird er das gleiche bestellen wie Sie. Zwar hätte er sich Ihrer Entscheidung auch schon früher anschließen können, doch dann hätte man nicht so ein nettes Gespräch führen können. Sollte sich der Ratsuchende bei diesem Test als Was-soll-ich-tun-Spieler selbst entlarvt haben, so wissen Sie nun wenigstens, was Sie zu tun haben: Geben Sie ihm nur keinen Rat!

So ersparen Sie sich nicht nur endlose Diskussionen, spätere Vorwürfe und eine Menge Langeweile – Was-soll-ich-tun-Spieler tischen einem besonders gern immer wieder dasselbe Problem auf –, Sie entgehen auch dem zweifelhaften Ruf, besserwisserisch zu sein.

Sollte der Spieler den Test im Restaurant bestanden und sich damit als echter Ratsuchender erwiesen haben, so können Sie ohne weiteres die diversen Aspekte seines Problems mit ihm erörtern. Aber achten Sie besser auch in diesem Fall darauf, dem Ratsuchenden kein fix und fertiges Patentrezept zu servieren. Am meisten helfen Sie einem noch Unentschlossenen, wenn Sie ihm verschiedene Möglichkeiten der Problemlösung anbieten und zu bedenken geben. Sie wissen ja selbst, wie chaotisch es manchmal im eigenen Kopf zugehen kann, nur weil man oft den Wald vor lauter Bäumen nicht mehr sieht! Deshalb reicht es in vielen Fällen schon aus, wenn man einfach zuhört. Beim Reden wird dem Ratsuchenden häufig selbst einiges viel klarer.

Übrigens: Was-soll-ich-tun-Spieler sind in der Mehrzahl auch gerissene Ja-aber- und Hätte-ich-doch-Spieler! Ein Jammersatz kommt selten allein!

Sollen Sie nun aus dem Was-soll-ich-tun-Spiel aussteigen oder nicht?

Aussteigen oder nicht? Diese Entscheidung kann Ihnen wirklich niemand abnehmen! Ich kann höchstens so fair sein, Ihnen nach den Vorteilen des Was-soll-ich-tun-Spiels nun auch seine Nachteile zu nennen. Und die sind nicht ganz unerheblich. Nie zu Entscheidungen zu kommen oder sie an andere zu delegieren führt nämlich letztendlich dazu, daß sich ein Was-soll-ich-tun-Spieler in die totale Ohnmacht manövriert.

Freiwillig begibt er sich in die Rolle des hilflosen Kleinkindes. Zwar wird der Spieler eine Weile auch gehätschelt wie ein Kleinkind, weil jeder andere meint, man müsse und könne ihm helfen. Und diese Zuwendung genießt der Spieler! Doch endlos lang werden ihm die erschlichenen Streicheleinheiten auch nicht gewährt. Irgendwann wird jeder Ratgeber wütend, wenn man nicht auf seine Ratschläge hört.

Auf diese Weise handelt sich der Was-soll-ich-tun-Spieler zum einen das deprimierende Gefühl ein, er selbst komme mit seinem Leben nie allein zurecht. Zum anderen bekommt er als notorischer Spieler irgendwann auch noch den Eindruck: »Keiner versteht mich richtig! Keiner interessiert sich wirklich für meine Probleme! Keiner will mir mehr helfen!« Und damit irrt er sich noch nicht einmal.

Außer seiner Schwierigkeit, sich zu entscheiden, hat er so noch ein weiteres Problem: Er fühlt sich einsam, unverstanden und ganz und gar auf sich selbst zurückgeworfen.

Doch der Spieler kann sich helfen, wenn er will. Daß er bisher nie wußte, was er tun sollte, hatte nämlich nur einen einzigen Grund: Der Spieler hatte keine Vision, er hat sich keine Ziele in seinem Leben gesetzt. Wer eine Vorstellung davon hat, wohin er gelangen, was er erreichen will, dem fallen Entscheidungen nicht mehr schwer. Wenn eine Frau die Vision »glückliche Familie« hat, verläßt sie einen Mann, der definitiv keine Kinder haben will. Auch wenn es schwerfällt.

Doch solche Entscheidungen widersprechen noch dem Denksystem des Was-soll-ich-tun-Spielers. Bei der Abwägung der Vor- und der Nachteile ist es seine Art, immer nur vom ungünstigsten aller möglichen Fälle auszugehen. Er rechnet mit dem Super-GAU, dem größten aller anzunehmenden Unfälle. Und aus diesem Pessimismus heraus entwickelt er eine regelrechte Entscheidungs-Phobie. Wer kann einer Frau schließlich garantieren, daß sie einen Mann findet, der bereit ist, eine Familie zu gründen? Niemand! Und deshalb ist dem Was-soll-ich-tun-Spieler der

Spatz in der Hand allemal lieber als die Taube auf dem Dach. Mit einem Spatz in der Hand lassen sich tatsächlich schwer Tauben fangen.

Dem Spieler geht es nicht anders als dem Flug-Phobiker, der davon ausgeht, daß die Maschine, in die er einsteigt, mit Sicherheit abstürzen wird. Wer seinen Blick ständig und ausschließlich auf die möglichen negativen Folgen einer Entscheidung konzentriert, der wird beinahe automatisch handlungsunfähig.

Ob man tatsächlich fast nur noch schwarze Gedanken produziert, kann man jedoch selbst überprüfen: Nehmen Sie sich die Zeit, und setzen Sie sich hin, ohne daß Sie irgend etwas anderes ablenkt. Lassen Sie Ihre Gedanken ganz unkontrolliert in sich aufsteigen. Machen Sie sich am besten Notizen, damit Sie einen Überblick haben, welche Gedanken Ihnen so automatisch in den Kopf gekommen sind. Nach einer Viertelstunde schauen Sie Ihre Gedanken daraufhin an, ob sie eher negativ oder positiv waren.

Sollte herauskommen, daß Sie fast ausschließlich negativ gedacht haben – was bei einem Was-soll-ich-tun-Spieler sehr wahrscheinlich ist –, wissen Sie, was Sie sofort ändern können: Wechseln Sie einfach mal Ihren Blickwinkel! Das ist tatsächlich nicht sehr schwierig! Malen Sie sich aus, wie die Dinge bestenfalls ablaufen könnten.

Mit einer Vision vor Augen gelingt Ihnen eine positive Einstellung natürlich noch leichter. In dem Augenblick, in dem Ihre schwarzen Gedanken wieder automatisch in Ihnen aufsteigen sollten, könnten Sie zum Beispiel zu sich sagen: »Schau an, da sind wieder die alten Jammersätze, die mich nur von meinem Glück abhalten wollen! Aber ihr habt Pech gehabt: Ich höre nicht mehr auf euch!«

Superschlaue Spieler glauben allerdings, solche inneren Schwarzseher-Sätze seien die Stimme ihrer »Intuition«, ihr untrügliches »Gefühl«. Irrtum! Die Lufthansa hat zum Beispiel durch Befragungen festgestellt, daß etwa jeder dritte Passagier Flugangst hat. Wenn nur jeder zehnte Angsthase das »Gefühl« hätte, seine Maschine würde abstürzen und solch ein Gefühl Kennzeichen eines sechsten Sinns wäre: Wie viele Flugzeuge müßten dann jede Minute abstürzen? Tatsache ist: Was wir »Gefühl« nennen, wird zu einem großen Teil durch unsere eigenen Gedanken verursacht. *Und unsere eigenen Gedanken lassen sich verändern!*

Wem das am Anfang noch schwerfallen sollte, der kann sich durchaus Hilfe bei anderen holen, indem er sich mal aus Spaß etwas Positives »vordenken« läßt. (Mit seiner Ja-aber-Masche muß er dann allerdings auch aufhören!) Verschiedene Einstellungen kennenzulernen hat nämlich durchaus Vorteile: Man kann dadurch zum Beispiel lernen, daß die eigene Einstellung nicht die einzig mögliche ist. Und genauso wenig wie es nicht die einzig mögliche und die allein richtige Einstellung gibt, so gibt es auch nicht die einzig richtige Entscheidung. *Die richtige Entscheidung ist immer nur die, die Sie Ihrer eigenen Vision näherbringt.*

. . . .

Übungen für alle Aussteiger

– Pendeln Sie Ihre Entscheidungen aus! Ob Sie an die Kraft eines Pendels glauben oder nicht, spielt keine Rolle. Und so wird's gemacht: Nehmen Sie einen Faden und einen Ring, den Sie an den Faden binden. Legen Sie fest, daß ein kreisförmiges Ausschlagen des Pendels ein Ja bedeutet, eine Hin- und Herbewegung ein Nein. Nun stellen Sie dem Pendel eine Frage, die mit ja oder nein zu beantworten ist. Zum Beispiel: Soll ich nach Amerika auswandern? Oder: Soll ich Karl-Theodor verlassen? Während Sie fragen, lassen Sie das Pendel frei baumeln. Dabei halten Sie Ihre Hand am ruhigsten, wenn Sie den Faden zwischen Daumen und Zeigefinger nehmen. Nach einer Weile wird das Pendel für Sie bestimmen. Denken Sie daran: Jede Entscheidung ist besser als gar keine! Überhaupt einen Entschluß zu fassen macht Sie vom Opfer zum Täter.

– Fragen Sie jemanden, was Sie tun sollen, und lassen Sie sich jeden einzelnen Schritt vorgeben. Befolgen Sie den Rat! Auch das ist immer noch besser, als mehrere Leute zu befragen und sich gar nicht zu entscheiden.

– Legen Sie schriftlich Ziele für Ihr Leben fest, und zwar möglichst für alle wichtigen Lebensbereiche vom Beruf bis hin zur Partnerschaft. Überprüfen Sie, ob die Art und Weise, in der Sie im Moment leben, Sie Ihren Zielen näherbringt oder nicht.

»Ich habe immer Pech in der Liebe«

Wie, Sie auch? Ich verstehe das schon nicht mehr! Schauen Sie uns beide doch an: Ich meine, wir zwei könnten zwar weder Kim Basinger noch Michelle Pfeiffer doubeln, aber ein guter Durchschnitt sind wir optisch doch allemal. Wir haben beide ein bißchen was im Kopf, ein paar Pfennige in der Tasche, und die absoluten Ekel können wir wohl auch nicht sein, sonst hätten wir schließlich nicht so einen netten Bekanntenkreis. Ich frage Sie, was stimmt da mit uns nicht?

Ja, ja, Sie werden wohl recht haben: Es liegt an den Männern! Die fühlen sich uns einfach nicht gewachsen. Wir sind denen bestimmt schon zu stark. So wird man eben, wenn man allein lebt. Was bleibt einem auch anderes übrig? Aber mit starken Frauen können die Männer nun mal nicht viel anfangen. Das sehen Sie schon richtig.

Umgekehrt habe ich als Frau auch keine Lust, mich mit jemandem zusammenzutun, der mir unterlegen ist, den ich am Ende noch mitfinanzieren muß! Wirklich nicht. Und einer, der es geistig nicht bringt, der kommt mir auch nicht ins Haus. Also wenigstens Abitur sollte er schon haben. Beim Aussehen bin ich dafür nicht so pingelig. Zu Bauch und Glatze sage ich kategorisch nein. Und groß sollte er auch sein. Aber die Haarfarbe und die Augenfarbe sind mir zum Beispiel völlig gleichgültig. Wenn er eine einigermaßen gepflegte Erscheinung ist, dann schaue ich nicht mehr auf Kleinigkeiten. Nur die Hände, die sind mir wichtig! Bei Wurstfingern graust es mich. Von so einem würde ich mich nie anfassen lassen. Ach, Sie haben ungefähr den gleichen Typ? Hoffentlich kommen wir uns da nicht irgendwann einmal in die Quere! Sagen Sie mal, geht Ihnen das eigentlich auch so, daß sich immer die

Falschen in Sie verlieben? Ich kann schon beinahe vorher meine Hand dafür ins Feuer legen: Lerne ich einen kennen, der mich aber auch nicht eine Spur interessiert, fragt er mich garantiert irgendwann nach meiner Telefonnummer. Was manche Männer sich einbilden! Nicht zu fassen! Bei Typen, die mir gefallen würden, passiert mir das leider so gut wie nie. Die behandeln mich beinahe wie Luft. Ich glaube, die haben einfach ein falsches Bild von mir!

Das kennen Sie auch, das habe ich mir gedacht! Ob ich Sie mal etwas ganz Persönliches fragen darf? Haben Sie es schon einmal mit einer Anzeige versucht? Also, ich finde das ganz legitim. Man hat ja weder die Lust noch die Zeit, jeden Abend um die Häuser zu ziehen. Ach ja, Sie haben schon mal inseriert? Zum Totlachen, was sich da für Typen melden? Das habe ich geahnt! Ich meine, wenn der auf normalem Weg keine Frau findet, dann kann schließlich nicht viel mit ihm los sein! Logisch, oder?

Hahahaha, das gleiche gilt theoretisch für uns beide auch, meinen Sie? Aber wirklich nur theoretisch! Für einen Mann ist es doch viel einfacher, eine Frau anzusprechen als umgekehrt! Also ich würde mir lieber einen Finger abhacken, als so mir nichts, dir nichts auf einen Mann zuzugehen. Das kann doch nur schiefgehen! Der meint doch sofort, man hätte es wohl besonders nötig. Und entweder wittert er einen leichten Fang, oder er nimmt gleich Reißaus. Nein, nein, man muß die Männer schon kommen lassen!

Wohin ich sie kommen lasse? Ich verstehe Ihre Frage nicht ganz. Ach so, wo ich so hingehe, wollen Sie wissen. Naja, in letzter Zeit bin ich nicht mehr so viel unterwegs. Wo soll man als Frau schon hingehen? In Kneipen lernt man ja sowieso keine vernünftigen Männer kennen. Die Erfahrung haben Sie sicher auch schon gemacht. Ab und an gehe ich mit einer Freundin schön essen. Am liebsten ins »Da Giovanni«, weil man dort so ungestört quatschen kann. Manchmal schaue ich mir auch im Kino einen Film an. Aber ehrlich gesagt, so richtig Spaß macht mir das auch nicht, allein im Kino zu sitzen. Wenn keiner meiner Bekannten Zeit hat, bleibe ich meist gleich zu Hause. Die meisten Filme laufen doch ohnehin schon ein oder zwei Jahre später im Fernsehen.

Und zu Hause kann ich es mir wenigstens gemütlich machen: Bademantel an, Maske ins Gesicht und was Feines zum Knabbern – also ich genieß' das richtig!

Ja, manchmal ist es wirklich toll, keinen Mann im Haus zu haben, denn so könnte ich dann nicht herumschlampen! Und mir reicht es, mich tagsüber aufrüschen zu müssen. Den Streß hätte ich mit einem Mann abends auch noch. Und morgens erst einmal! Ich habe ja mal mit einem zusammengewohnt. Wie froh ich damals war, wenn er früher raus mußte als ich! Das war für mich wie Sonntag! Keiner, der einen morgens schon anredet, herrlich! Ich hasse es, wenn in der Früh der andere schon munter und fröhlich ist. Ich bin eben ein Morgenmuffel.

Deshalb sage ich heute: eine Beziehung – gern, aber nur in getrennten Wohnungen! Und am besten nur am Wochenende. In der Woche brauche ich die Zeit für mich! Einer aus einer ganz anderen Stadt, das würde mir gefallen. Am Freitagabend fährt er dann zu mir oder ich zu ihm. Das ist dann immer so ein bißchen wie frisch verliebt. Wenn man jeden Tag zusammen ist, nutzt sich so eine Beziehung doch viel zu schnell ab. Gewohnheit ist der Tod für jede Liebe.

Wann ich zum letzten Mal in einer anderen Stadt war? Das ist schon lange her! Meinen Sie, mir macht es Spaß, allein zu verreisen? Da kommt man sich doch vor wie das letzte Mauerblümchen! Und den Schuh ziehe ich mir nicht an! Das habe ich einfach nicht nötig!

Ach ja, manchmal wäre es schon toll, liiert zu sein! Dann käme man einfach viel mehr rum.

Das Liebespech-Spiel und seine Spielregeln

Kaum ein Spiel ist für den Spieler selbst so schwer zu durchschauen wie das Liebespech-Spiel. Denn einerseits wünscht man sich ja nichts mehr, als endlich einen Mann oder eine Frau zu finden. Aber anderer-seits …

Die meisten Spieler haben gleich einen ganzen Katalog von Spielregeln, die schon einzeln angewendet eine erfolgreiche Suche verhindern wür-den. Aber ein richtig gewiefter Liebespech-Spieler sichert sich natürlich am besten gleich mehrfach ab.

Alle Hindernisse aufzulisten, die sich einer selbst in den Weg legen kann, um eine Liebesbeziehung mit dem scheinbar begehrten Objekt »Mann« oder »Frau« zu verhindern, würde den Rahmen dieses Buches auf jeden Fall sprengen. Ich beschränke mich daher auf die Darstellung der wich-tigsten Spielregeln, sozusagen auf *zehn goldene Regeln, sein Pech in der Liebe herauszufordern.* Voilà, hier sind Sie:

1. Reden Sie sich den Satz »Ich habe immer Pech in der Liebe« so oft ein, wie es geht. Das versenkt ihn in Ihr Unterbewußtes, und Sie werden in Zukunft ganz automatisch alles tun, was einen Mann von Ihnen fernhalten könnte. Sie wissen zwar, daß die paar Male, als Sie tatsächlich

Pech hatten, nicht schon »immer« sind, aber solche nicht ganz sauberen Schlüsse sind im Spiel erlaubt. Sie richten sich einfach weiterhin nach Ihrer Grundregel: Was immer so war, wird auch immer so bleiben.

2. Beschäftigen Sie sich intensiv mit den Gründen für Ihren Mißerfolg beim anderen Geschlecht. Kaufen Sie sich zum Beispiel einen Vergrößerungsspiegel, und betrachten Sie sich darin mindestens zehn Minuten täglich. Am besten bei gleißendem Neonlicht und möglichst ungewaschen und ungekämmt. Sie werden sehen, daß Sie sich selbst bald enorm häßlich finden werden. Damit hätten Sie schon einen triftigen Grund für Ihr Liebespech.
Weitere Ursachen könnten sein: In Ihrem Horoskop steht die Venus im falschen Haus. Sie hatten nur Brüder und haben von denen ein paar männliche Unarten gelernt, die Männer bei Frauen nicht so hinreißend finden. Sie sind zu schüchtern und gehemmt. Wenn Sie lange genug recherchieren, fallen Ihnen noch eine Menge Gründe ein!

3. Zeigen Sie jedem Mann, was Sie im Grunde von ihm halten! Machen Sie ihn auf jeden seiner typisch männlichen oder ganz individuellen Fehler aufmerksam! Hervorragende Übungsobjekte sind die Männer, die Sie sowieso nicht leiden können. Achten Sie darauf, daß sich Ihr Ruf auch zu den anderen herumspricht, bei denen Sie eventuell schwach werden könnten.

4. Machen Sie sich so oft es geht klar, was ein Leben ohne Mann Ihnen alles an Ärger erspart. Richten Sie Ihr Augenmerk daher besonders auf die Beziehungen, in denen es ständig kracht. Harmonische Partnerschaften ordnen Sie von nun an als langweilig ein. So vermeiden Sie, daß die Sehnsucht nach einer harmonischen Beziehung Sie hin und wieder doch noch überkommt. Wer will schon eine langweilige Liebe?

5. Wenn Sie schon einmal einen Aussetzer bei Ihrem Spiel haben, dann achten Sie darauf, daß Sie sich einen Mann aussuchen, den so ziemlich alle anderen Frauen auch wollen und bekommen könnten. Springt er tatsächlich auf Sie an, so haben Sie sich zwischendurch wenigstens bewiesen, daß Ihr Marktwert noch ziemlich hoch ist. Das nimmt den quälenden Verdacht von Ihnen, Sie wären aus Not und nicht aus freier Entscheidung allein. So ein Mann vom Typ »einer für alle« verschwindet jedoch zum Glück wieder so rechtzeitig aus Ihrem Leben, daß Sie an einen ernsthaften Ausstieg aus dem Spiel nicht denken müssen.

6. Bleiben Sie daheim in Ihrer gemütlichen Wohnung! Machen Sie es sich so nett wie möglich. Stellen Sie sich dabei den Streß vor, den Sie hätten, wenn Sie jetzt verabredet wären. Darauf können Sie doch wirklich verzichten! Wenn Sie schon ausgehen, dann nehmen Sie sich wenigstens vor, daß es an diesem Abend klappen muß, den Mann Ihrer Träume zu finden! Dieser Vorsatz wird Ihnen unsichtbar, aber trotzdem sehr deutlich auf der Stirn geschrieben stehen und zu Ihrem Spielglück jeden Mann abschrecken, der Ihnen über den Weg läuft. Männer haben die seltsame Eigenart, daß sie sich danach sehnen, geliebt und nicht gebraucht zu werden. Außerdem gibt Ihnen der Gedanke »Heute muß es passieren« genau den verquälten Charme, den Sie für den nächsten Mißerfolg brauchen.

Die Durchführung dieser Regel wird eine sehr leichte Übung, wenn Sie auch sonst an nichts anderes mehr denken als an »Mann«. Von persönlichen Interessen ist daher im Sinne des Liebespech-Spiels unbedingt abzuraten. Das könnte Sie für einen Mann nur interessant machen!

7. Bestehen Sie darauf, daß für Sie eine Beziehung nur dann in Frage kommt, wenn sie immer so leidenschaftlich ist wie in den ersten Wochen. Brechen Sie sofort jede Affäre ab, wenn die typischen Anzeichen der Leidenschaft bei Ihnen ausbleiben. Wenn Ihre Knie beim Anblick des Typen nicht mehr zittern, Ihr Herz nicht mehr bis zum Hals klopft und Sie aus heiterem Himmel ohne jegliches Liebesspiel neben ihm einschlafen wollen, dann wissen Sie, daß es an der Zeit ist, »ciao« zu sagen. Sollte Ihnen für solch einen abrupten Abschied die notwendige Härte fehlen, werden Sie so mißmutig, daß der Mann Sie über kurz oder lang verläßt. Je schlechter Ihr Benehmen, um so eher werden Sie ihn los.

8. Passen Sie sich dem Mann an, so gut Sie können. Eine Weile wird ihm das vielleicht sogar gefallen, sein zweites Ich gefunden zu haben. Das sollte Sie jedoch nicht entmutigen. In absehbarer Zeit werden Sie ihn entsetzlich langweilen, darauf können Sie bauen. Diese Regel ist manchmal ein bißchen schwierig zu befolgen, weil sie viel Kraft von der Spielerin fordert. Wahrscheinlich halten Sie sie leichter durch, wenn Sie sich vorstellen, sie seien seine Sklavin.

9. Reden Sie sich oft ein, daß Sie nur zu klug, zu stark und zu emanzipiert sind, um einen Ihnen ebenbürtigen Partner zu finden. Das lenkt Sie mit hundertprozentigem Erfolg von der Tatsache ab, daß Sie unerträglich rechthaberisch sind.

10. Halten Sie sich an das Prinzip, daß Sie einen Mann nur dann in Ihr kostbares Leben lassen, wenn er ein echter Gewinn ist. Sie haben es nicht nötig, für einen Typen irgendwelche Abstriche von Ihrem komfortablen Dasein zu machen.

P.S.: Suchen Sie sich eine oder mehrere Regeln aus, die Ihrem Naturell am ehesten entsprechen. Je leichter Ihnen das Liebespech-Spiel fällt, um so perfekter werden Sie es beherrschen. Mit einigen Abwandlungen können sich selbstverständlich auch Männer diesem Spiel widmen.

· ·

Letzte Warnung an alle, die aus dem Liebespech-Spiel aussteigen wollen

Zunächst einmal müssen sich ernsthafte Aussteiger einer partiellen Gehirnwäsche unterziehen. Bisher haben die meisten Spieler nämlich zwei völlig verschiedene Dinge gründlich durcheinandergebracht, und zwar Verliebtheit und Liebe. Damit ein für allemal Klarheit herrscht, hier die wichtigsten Unterschiede:
Verliebtheit ist erst einmal nichts anderes als die reine Biologie, nichts als eine Äußerung des Paarungstriebes, der Sexualität. Der hohe physische Anteil der Verliebtheit ist erkennbar an den eindeutig körperlichen Reaktionen: erhöhter Puls, zitternde Knie, Schlaflosigkeit und was sonst noch alles reagiert; das sind schlagende Beweise. Trotzdem wollen Verliebte das nicht so ganz einsehen, weil sie ja schließlich Menschen sind und keine Viecher.
Deshalb bewerten sie diese körperlichen Reaktionen einfach um, was ihnen als Menschen durch die Bemühung des Geistes auch gelingt. Verliebtsein inklusive aller körperlichen Anzeichen wird nun einfach übersetzt mit: »der isses« oder »die isses«; der Mann des Lebens, die Frau aller Träume. Da sich die typischen Begleiterscheinungen der Verliebtheit nach einiger Zeit in nichts auflösen, folgert der vormals Verliebte: »Der war's nicht« – »Die war's nicht.«
Ob diese Behauptung ein Irrtum ist oder nicht, wird niemand feststellen können, denn der Denkfehler lag ja schon im Vorfeld. Hätte man als Verliebter klar erkannt, daß man quasi vegetativ auf »Mann« oder »Frau« reagiert hat – tatsächlich nicht viel anders als die Hündin auf den Rüden und umgekehrt –, wäre die ganze Sache anders verlaufen: Man hätte durchaus Grund zur Freude gehabt, daß die Chemie zwischen Männlein und Weiblein so gut stimmte. Aber mit dem Gedanken,

also der Beurteilung, »Der oder die isses« hätte man noch eine Weile gewartet.

Doch dann wäre es bei weitem nicht so romantisch gewesen! Deshalb lassen es die meisten Menschen gern zu, daß eigene Wünsche, Erwartungen und Erfahrungen ihnen das Hirn so köstlich vernebeln. Für diese gehörige Portion Romantik muß man dann allerdings auch teuer bezahlen. Nach der Phase der Verliebtheit heißt es: Nichts geht mehr! Das Spiel ist aus!

Daran, daß die Verliebtheit verschwindet, läßt sich kaum etwas ändern. Mit den Empfindungen, die sich durch Gewöhnung in nichts auflösen, muß man sich das so vorstellen wie mit heißem Badewasser. Steckt man nur den Zeh rein, verbrennt man sich fast. Ist man erst einmal ganz in der Wanne, hört es mit dem Schaudern bald auf. Nimmt man jedoch zwischendurch eine eiskalte Dusche, erscheint einem das Wasser wieder viel heißer. Manche Paare geben sich ab und zu gegenseitig so eine kalte Dusche in Form von Krach und Szenen, damit die »Liebe« (sprich: der Sex) wieder heißer wird.

Diesen völlig natürlichen Lauf der Dinge »Pech« zu nennen, ist zwar etwas gewagt, aber da die Leute ja auch sagen, es ist Pech, daß der Mensch älter wird, darf man bei diesem unkorrekten Ausdruck ruhig bleiben. Fragt sich nur, was er einem bringt. Die meisten zieht er runter.

Daß der Liebespech-Spieler aber auch noch behauptet: »Ich habe Pech in der *Liebe*«, ist dann doch ein bißchen arg. Ob er es nämlich mit Liebe bisher überhaupt einmal versucht hat, darf man ruhigen Gewissens bezweifeln. Liebe fängt genau dann an, wenn Verliebtheit aufhört. *Zur Liebe müßte der Spieler sich entscheiden. Obwohl er nicht mehr verliebt ist!* Und das ist ja wohl ein bißchen viel verlangt!

Jetzt lege ich meine Hand dafür ins Feuer, daß an dieser Stelle ein paar Möchtegern-Aussteiger reumütig oder wütend umkehren. Eine Liebe ohne Kick und Rausch, darauf werden so einige gern verzichten. Für sie ist das Thema hiermit auch beendet. Jetzt brauchen nur noch diejenigen weiterzulesen, die sich eine Liebesbeziehung vorstellen können, die auch ohne Wackelpudding-Knie auskommen.

Sich dafür zu entscheiden, jemanden zu lieben, bedeutet: Für einen anderen etwas aufgeben können, ohne dabei sich selbst aufzugeben. Diese Balance zu halten ist ein schwieriges Stück Arbeit. Viele Frauen tendieren dazu, sich ganz aufzugeben, im Partner »aufzugehen«. Wer das jedoch macht, der ist als Persönlichkeit nicht mehr vorhanden. Wen soll der andere lieben? Das Abbild seiner selbst? Nur bei einem extremen Narzissten käme man mit dieser Nummer eine Weile lang durch. Aber irgendwann ist man selbst so unglücklich darüber, daß man nicht wirklich geliebt wird, und beendet die Beziehung.

Ohne daß einer etwas für den anderen aufgibt, wird die Beziehung allerdings auch nicht sehr glücklich verlaufen. Daß zwei Menschen in jedem Augenblick für sich und für den anderen genau das gleiche wollen, ist auf Dauer unmöglich. Ständig auf die Durchsetzung seiner eigenen Interessen zu pochen würde jedoch bedeuten, die erste Runde zu einem eventuell lebenslangen Machtkampf zu eröffnen. Keine sehr rosigen Aussichten! Aus Liebe dann und wann seine Eigensucht aufzugeben lohnt sich, wenn man sich in einer Beziehung wohlfühlen will. Denn Sie wissen bereits: Glück ist eine Überwindungsprämie!

Sie würden das ja alles gern verwirklichen, wenn nur endlich ein Mann da wäre, für den Sie sich entscheiden könnten, weil auch er sich für Sie entscheiden will? Dieses ganz spezielle Problem läßt sich nur ganz behutsam lösen! Einige Anregungen finden Sie im nächsten Abschnitt. Mehr zum Thema im 14. Kapitel »Ich bin immer so allein«.

. . . .

Erste Schritte ins Liebesglück

– Nehmen Sie sich absolut ernsthaft vor, mindestens ein halbes Jahr lang keine Liebesaffäre mehr anzufangen. Der ständige Gedanke daran, daß es auch bei Ihnen endlich mal klappen muß, setzt Sie nur unter Druck. Bei den Männern, die Ihnen nicht gefallen, sind Sie doch sonst auch ganz locker. Begegnen Sie einem, der Ihnen gefällt, verkrampfen Sie sich sofort. Diesen Automatismus werden Sie nur los, wenn Sie mit sich selbst vereinbaren, Liebesgeschichten erst einmal aus dem Weg zu gehen. Das ist übrigens kein Trick!

– Statt dessen kümmern Sie sich intensiv um sich selbst. Entwickeln Sie Interessen, die Ihnen Spaß machen. Nutzen Sie die Zeit für die Dinge, die Ihnen wichtig sind: Ob Sie Ihr Maltalent oder Ihre Fremdsprachenbegabung fördern, ist gleichgültig. Hauptsache, Sie tun überhaupt etwas.

– Üben Sie, jemandem etwas zu opfern. Aber bitte keinem Mann, der Ihnen gefällt! Es soll Ihnen schon ein bißchen weh tun, von Ihrem Egotrip runterzukommen! Beispiele für mögliche Opfer: regelmäßig einen Abend die Woche das Kind einer Freundin hüten; unentgeltlich für einen Bekannten eine Schreibarbeit übernehmen; das Auto eines anderen zum TÜV fahren.

13. KAPITEL

»Wenn ich nur mehr Geld hätte!«

Wenn ich mehr Geld hätte, würde ich mindestens dreimal im Jahr Urlaub machen, aber richtig! Luxushotels, Erster-Klasse-Flüge, nur die allerbesten Restaurants, das ist eigentlich mein Stil. Aber solange ich mir das nicht leisten kann, bleibe ich lieber zu Hause. Campingplatz oder Pauschalreise sind nun einmal nicht mein Niveau!« »Wenn ich mehr Geld hätte, dann könnte ich Ihnen auch endlich zeigen, welchen tollen Geschmack ich habe! Ich weiß genau, was mir gut stehen würde: Chanel, Lacroix, Versace – wie für mich gemacht. Aber bei meinem Gehalt ist das einfach nicht drin. Deshalb trage ich nur Jeans und T-Shirts. Bevor ich etwas kaufe, was nur so lala ist, kaufe ich lieber gar nichts.«

Sie glauben nicht, daß es solche Leute gibt? Ich kenne sie! Bei einer für meine Verhältnisse opulenten Einladung zum Frühstück, bei der ich Lachs und Champagner servierte, ist es mir vor Jahren passiert, daß mein Gast am Champagner herumnörgelte. Zugegeben: Es war eine Durchschnittsmarke, rund 40 DM pro Flasche. Wenn er Champagner kaufe, dann nur den XY. Der koste zwar etwa 150 Mark, aber habe dafür wirklich Qualität. Wenn Sie jetzt meinen, ich hätte Rockefellers Enkel zum Frühstück eingeladen, so täuschen Sie sich. Der Junge lebte vom Arbeitslosengeld und rechnete bei jeder Pizza nach, ob das Preis-Leistungs-Verhältnis stimmte.

Tja, wenn man nur Geld hätte, könnte man jedem beweisen, welch toller Hecht man wäre. Aber so krebst man nur herum und zählt seine paar Pfennige vorwärts und rückwärts, die sich dadurch leider auch nicht vermehren. Zudem entwickelt der arme Schlucker insgeheim auch noch einen Haß auf alle, die deutlich mehr Geld haben als er.

»Schau sich doch nur mal einer an, was der sich für ein Haus hingestellt hat! Der reinste Protz, typisch neureich. Und dieser Riesenschlitten, den der fährt! Der hat's wohl schwer nötig, sein Selbstwertgefühl aufzupolieren. Aber der hat ja auch nichts anderes im Kopf, als Geld zu scheffeln. Ich möchte nicht wissen, wann der das letzte Buch gelesen hat! Wie gut, daß ich mit so oberflächlichen Leuten nichts zu tun habe!«

Aber glauben Sie jetzt nicht, daß ererbtes Geld besser ist: »Von Beruf Sohn oder Tochter, zu mehr bringen es diese Leute doch nicht!« Und wer es dann doch zu etwas gebracht hat, der wird erst mal tüchtig abgewertet! »Mit Papas Millionen im Hintergrund kann jeder mal schnell ein Geschäft aufziehen. Aber ohne …?« Dem armen Schlucker sind schließlich von vornherein alle Möglichkeiten verwehrt, zu mehr Geld zu kommen. Mit der Hände oder des Geistes Arbeit wird man nun einmal nicht Millionär.

Aber dafür ist er wenigstens der bessere Mensch! Mittlerweile ist es fast eine Modeerscheinung, den Reichen dieser Welt nachzuweisen, wie böse und häßlich sie sind: Böse natürlich ohnehin, weil es angesichts des Elends auf der Welt ein untrügliches Zeichen für einen verdorbenen Charakter ist, Kaviar zu essen und Millionen für kostbare Gemälde auszugeben. Was könnten diese Luxus-Süchtigen mit ihrem Geld schließlich alles Gutes tun, wenn sie nur wollten!

Und häßlich sind sie obendrein! Jedenfalls wenn man den Fotografen glauben will, die von so manchem Chefredakteur beauftragt sind, die oberen Zehntausend so richtig fies abzubilden, damit sich darüber die Masse der weniger wohlhabenden Leser freuen kann! Schaut her: diese Falten, diese glänzenden Nasen, diese Speckrollen um die Taille! Der häßliche Reiche – ein beinahe klassisches Feindbild. (Sind arme Leute wirklich schöner?)

Reich geworden sind sie grundsätzlich auf dem Rücken der Armen! Da das tatsächlich in einigen Fällen stimmt, wird messerscharf der Umkehrschluß gezogen: Je weniger auf dem Konto, um so besser der Charakter! Aber trotzdem wäre es ja nicht schlecht, wenigstens im Lotto zu gewinnen. Das tut schließlich keinem weh. Ja, was man dann alles machen würde, wenn man diese ewigen Geldsorgen los wäre! Aber so, ohne einen Pfennig? Nein, so macht das Leben keinen Spaß!

Das Arme-Leute-Spiel und seine Spielregeln

Wieviel Geld einer tatsächlich hat oder nicht hat ist relativ nebensächlich, um ein guter Arme-Leute-Spieler zu sein. In einer Fernsehdiskussion, in der es um Länder der dritten Welt ging, berichtete ein Entwicklungshelfer zum Beispiel, daß es ihm immer wieder erstaunt habe, wie fröhlich die Menschen dort trotz ihrer Armut seien. Obwohl sie sich ihrer schlechten Lage durchaus bewußt seien, veranstalteten sie jedes Wochenende ein Tanzfest. Auf die Frage des Entwicklungshelfers, wie sie das angesichts ihrer Not fertigbrächten, antworteten die Leute: »Haben Sie einen besseren Vorschlag?«

Der Arme-Leute-Spieler hat einen für ihn besseren Vorschlag: Er jammert. Denn allein dadurch geht es ihm besser. Eine Strophe seiner Jammerarie besingt die Gründe für seinen Mangel an Finanzen. Von der schlechten Wirtschaftslage über den ausbeuterischen Kapitalisten, die Unfähigkeit von Arbeitgebern, seine wahren Qualitäten zu erkennen, bis hin zu seiner mangelnden Begabung, an Geld zu kommen, kann so ziemlich jeder und alles verantwortlich sein für sein Minus auf dem Konto. Natürlich auch er selbst!

Er gehört nämlich selbstverständlich nicht zu den Charakterschweinen, die aus jedem Mist Gold machen. Entweder hält ihn sein gutes Herz davon ab, Kühlschränke an den Nordpol zu verkaufen (auf anständige Art kann man schließlich nicht viel Geld verdienen) oder noch raffinierter: sein intellektueller Geist. Als Intellektueller ist er sich natürlich viel zu schade, sich mit so etwas Vulgärem wie Geld zu beschäftigen. Die zweite Strophe seiner Jammerarie ist daher ein Hohelied auf den überlegenen Charakter armer Schlucker.

Warum er dann ständig jammert? Zum Beispiel für sein Renommee. Um dieses Thema geht es in der dritten Strophe. Für den Mann oder die Frau von Welt, Geschmack und Kultur tut sich zwischen den elitären Ansprüchen des Arme-Leute-Spielers und seinem kläglichen Dasein schließlich eine recht große Kluft auf. Und die gilt es nun mit Gedankenakrobatik zu füllen. Je höher die Ansprüche, die er vorgibt, um so eher verstehen die anderen, daß diese Standards nur mit sehr viel Geld zu befriedigen sind. Und um so eher werden sie einsehen, daß es zwischen Mailänder Design und Möbeln vom Sperrmüll keinen akzeptablen Kompromiß geben kann.

So hockt der Arme-Leute-Spieler in seinem Kellerabteil und hält den Besuchern einen Vortrag über wirklich stilvolles Wohnen, die sich währenddessen staunend die Augen reiben, wieso ihr anspruchsvoller

Gastgeber noch nicht einmal dazu in der Lage ist, seine verdreckten Wände zu streichen.

Sein so erschlichenes hohes Renommee kann der Arme-Leute-Spieler um so besser wahren, je weniger Geld er hat. Hätte er auch nur ein paar Mark mehr in der Tasche, wäre er ja fast gezwungen, nun einmal zu beweisen, wie sinnvoll er Geld ausgeben kann.

Außerdem hält ihn das Jammern natürlich auch sehr erfolgreich von einer Tätigkeit ab, die ihm wirklich Geld einbringen würde. Aber am Wochenende Autos zu waschen oder am Abend in einer Kneipe als Spüler zu schuften, das ist doch wohl unzumutbar! Nein, für jede Drecksarbeit ist er sich zu schade. Sooo wichtig sind ihm ein paar Mark mehr in der Tasche nun auch wieder nicht! Für ihn gibt es nur: Geld haben oder nicht haben. Mehr Geld zu verdienen, diese Möglichkeit ist im Arme-Leute-Spiel nicht vorgesehen.

Vorsicht! Aus dem Arme-Leute-Spiel auszusteigen macht Arbeit!

Sie haben sicher sofort erkannt, daß Arme-Leute-Spieler in einigen Punkten viel Ähnlichkeit haben mit den Ja-aber-Spielern. Wenn Arme-Leute-Spieler mehr Geld hätten, ja dann … Und wie für Ja-aber-Spieler gilt auch hier: Wer aussteigen will, der muß erst einmal einsehen, daß sein Spiel ihm vor allem dazu dient, sich aus vielem herauszureden.

Eine Menge Dinge auf dieser Welt lassen sich durchaus auch für recht wenig Geld erreichen. Eine Amerikareise muß nicht Tausende von Mark kosten. Wer in seiner Wohnung mal einige Zeit lang einen Amerikaner beherbergt, der bekommt auch als Gegenleistung ein Bett umsonst in den Staaten. Wer wirklich etwas will, der findet auch einen Weg.

Im Magazin der Wochenzeitung »Die Zeit« vom 4. Januar 1991 las ich einen Bericht über die Brüder Hans und Franz Joseph van der Grinten, die im Laufe ihres Lebens eine Kunstsammlung mit einem Schätzwert von 180 Millionen Mark angelegt haben. Und das mit sehr durchschnittlichen finanziellen Mitteln. Der eine Bruder ist Landwirt auf einem kleinen Hof. Der andere arbeitet als Kunsterzieher. Die beiden kunstbegeisterten Brüder befolgten jedoch den Rat, den ein Maler ihnen vor vierzig Jahren gab, als sie selbst noch wirklich arme Studenten waren. »Konzentration und Leidenschaft«, empfahl ihnen der Maler Hermann Teuber. »Das andere ergibt sich schon irgendwie.« Mit Konzentration und Leidenschaft entdeckten die Brüder van der Grinten Joseph Beuys und viele andere Maler, die vor Jahrzehnten noch keinen großen Namen hatten. Viele Bilder wurden ihnen geschenkt, manche bekamen sie zu Sonderpreisen. Einige Werke sparten sie sich regelrecht vom Munde ab und zahlten ihre Erwerbungen in Raten ab. Denn der Jahresetat, den die beiden für Kunst ausgeben konnten, betrug nicht mehr als 2 000 Mark! Und mehr hat auch ihr teuerstes Werk nicht gekostet.

Wahrscheinlich war es für viele Maler eine größere Freude, diesen beiden Kunstbesessenen ein Bild für ein Ei und ein Butterbrot zu verkaufen, als es für viel Geld in die Hände eines Kunstinvestors abzugeben. Und die beiden Brüder betonen, daß es für sie das Größte war, in so einem regen Austausch mit den Künstlern zu stehen. Der Geldwert ihrer Bilder ist ihnen immer gleichgültig gewesen.

Doch selbst wer sich zum Ziel setzen wollte, viel Geld zu verdienen, kann aus diesem Beispiel lernen: Mit Leidenschaft und Konzentration kann jeder Mensch auch zu Geld kommen! Voraussetzung dafür ist allerdings, daß man Geld auch leidenschaftlich liebt. Wer Geld und die Wege verachtet, wie man dazu kommen kann, der wird auch nie viel mehr Geld besitzen als bisher.

Vielleicht fühlt sich Geld tatsächlich wohler bei Menschen, die es schätzen. Und das kann man dem Geld doch kaum übelnehmen.

Erste Schritte, um aus dem Arme-Leute-Spiel auszusteigen

– Eine Möglichkeit, zu mehr Geld zu kommen, besteht schlicht darin: mehr verdienen! Und das heißt in den meisten Fällen: mehr arbeiten! Viele Jobs lassen sich auch neben der normalen Arbeitszeit verrichten. Wer wirklich unbedingt etwas will, der schafft es auch, am Wochenende oder abends zusätzlich etwas Geld zu verdienen.

– Sparen ist die zweite Möglichkeit, für andere Dinge mehr Geld übrig zu haben. Das heißt natürlich, auf vieles zu verzichten, was einem bisher ebenfalls wichtig war. Die Brüder van der Grinten haben zum Beispiel auf größere Reisen verzichtet.

– Gute Ideen zum Geldverdienen bekommt man, wenn man Leute befragt, die sich ihr Vermögen erarbeitet haben. Sie werden allerdings auch nur dann gern Auskunft geben, wenn sie das Gefühl haben, daß man sie mag und sie nicht wegen ihres vielen Geldes verachtet!

14. KAPITEL

»Ich bin immer so allein!«

Lange halte ich das nicht mehr aus! Immer allein zu sein, da macht das Leben einfach keinen Spaß. Während der Woche geht es ja gerade noch. Da habe ich wenigstens meinen Job. Aber am Freitagnachmittag fängt das Elend an. Wenn man überhaupt nichts Schönes vorhat, freut man sich auch nicht aufs Wochenende. Mir ist es schon beinahe peinlich, wenn die Kollegen mich am Montag fragen, wie ich das Wochenende verbracht habe.

Die anderen haben immer irgend etwas zu erzählen. Aber alle haben auch entweder eine Beziehung oder wenigstens eine Clique. Damit ich nicht ständig so dumm dastehe, lüge ich manchmal sogar ein bißchen. Neulich habe ich so getan, als ob ich einen Freund hätte, der in einer anderen Stadt wohnt. Viel habe ich nicht dazu gesagt. »Na, du machst es aber geheimnisvoll«, meinte meine Zimmerkollegin. Ja und? Sollen sich die anderen doch von mir aus den Kopf zerbrechen! Vielleicht denken die jetzt, ich bin mit einem verheirateten Mann liiert. Aber das ist mir auch egal. Im Grunde geht mein Privatleben niemanden etwas an.

Früher war mein Leben wirklich anders: Als ich noch mit Hajo zusammen war, haben wir laufend etwas unternommen. Entweder zu zweit oder gemeinsam mit seinen Freunden. Aber seit wir getrennt sind, wollen die auch nichts mehr von mir wissen. Nicht einer von denen hat mal angerufen, seit Hajo und ich getrennt sind! Es sind eben seine Freunde gewesen und nicht meine.

Die Frauenfreundschaften, die ich früher hatte, sind mittlerweile auch versickert. Alle meine ehemaligen Freundinnen haben in der Zwischenzeit Typen. Um mich kümmert sich keine mehr. Ich halte sowieso nicht mehr viel von Frauenfreundschaften. Eigentlich sind das doch nur

Notgemeinschaften, um nicht allein ausgehen zu müssen. Wenn so eine »Freundin« sich verliebt hat, ist die andere doch nur noch Luft für sie. Dann zählt nur noch der Mann. Auf solche Freundschaften kann ich aber verzichten!

Ein paar Mal habe ich trotzdem bei Monika angerufen – ich kenne sie schon seit der Schulzeit. Aber mehr als Small talk ist dabei auch nicht rausgekommen. »Ach, lange nichts von dir gehört. Du bist nicht mehr mit Hajo zusammen? Schade! Natürlich können wir gern mal etwas zusammen unternehmen. Ich rufe dich an, wenn ich Zeit habe. Im Moment bin ich total ausgebucht!« So laufen solche Gespräche doch ab! Aber von sich aus meldet sich sowieso niemand bei mir. Und mir ist das wirklich zu blöd, den anderen auch noch hinterherzulaufen. Und das fünfte Rad am Wagen will ich schon gar nicht spielen.

Über die Tips, die manchmal in Zeitschriften stehen, wie man Leute kennenlernt, kann ich nur lachen. Ich schwöre Ihnen: nichts davon funktioniert! Alles graue Theorie! Am Anfang habe ich ja noch so'n paar Sachen gemacht, wie allein ins Theater gehen. Sogar in der Volkshochschule habe ich einen Psychologiekurs belegt. Im Theater habe ich immer neben alten Leuten oder Paaren gesessen. Nicht ein einziges Mal hatte ich das Glück, jemanden neben mir zu haben, der mir gefiel. Die Enttäuschung muß ich mir doch nicht ständig antun.

In der Volkshochschule sind alle gleich nach dem Kurs abgedüst. Wenn ich schon sehe, daß es jemand eilig hat, frage ich doch nicht, ob er eventuell Lust hat, mit mir irgendwo einen Kaffee zu trinken! Wie komme ich mir denn da vor!

Demnächst habe ich Urlaub. Bis jetzt weiß ich immer noch nicht, was ich machen soll. Natürlich habe ich auch mal wieder Lust auf Sonne und Meer. Aber allein? Wenn ich mir vorstelle, daß ich mich allein in ein Restaurant setzen soll, dann graust es mich schon jetzt. Und den ganzen Tag nur verliebte Paare um mich – das ertrage ich nicht! Ich habe keine Lust, mir im Urlaub die Laune verderben zu lassen.

Meine Mutter meinte, ich solle doch in einen Club fahren, weil da auch viele Singles seien. Aber dieses organisierte Vergnügen ist einfach nicht mein Fall. Soll ich mich in meinem Urlaub etwa von Animateuren den ganzen Tag herumhetzen lassen? Also das weiß ich von vornherein: Mir macht so etwas keinen Spaß. Wie ich gehört habe, zwingen die einen sogar dazu, sich beim Essen immer an Tische zu setzen, an denen noch Plätze frei sind. Noch nicht einmal im Urlaub soll ich mir die Leute aussuchen können, mit denen ich zusammensein will? Auf keinen Fall mache ich das mit! Da verzichte ich doch lieber!

Außerdem: Von Urlaubsbekanntschaften ist schließlich nicht viel zu halten. Was habe ich davon, wenn ich auf Rhodos jemanden kennenlerne, und nach drei Wochen ist ohnedies alles vorbei, weil er ganz woanders wohnt? Gar nichts!

· ·

Das Alleinsein-Spiel und seine Spielregeln

Das Alleinsein-Spiel ist gar nicht so einfach zu durchschauen. Denn für das Alleinsein gibt es tatsächlich so viele scheinbar objektive Gründe, daß der eigene Anteil an dem Spiel oft nur sehr schwer zu erkennen ist. Unfreiwilliges Alleinsein und Einsamkeit zählen zu den großen Problemen unserer Zeit. Die Schlagworte dazu: Zerfall der Familienstrukturen, ständig wachsende Scheidungsraten, Anonymität der Großstädte.
Es gibt keine Zeitung, die die Problematik nicht aufgreift. Sachbücher zu dem Thema listen gleich eine Vielzahl soziologischer Ursachen auf, die fast automatisch zu Vereinzelung und Einsamkeit führen. Doch die Ursachenforschung kann auch nichts anderes, als einen Trostpreis zu bieten. Nun weiß man zumindest, daß man nicht selbst Schuld hat. Es liegt alles an unseren modernen Zeiten!
In einer anderen Kultur oder in einer anderen Epoche brauchte man sich nicht so von Gott und der Welt verlassen vorzukommen! Großfamilien hatten ihre Vorteile. – Der Alleinsein-Spieler ist in der Tat ein Mensch, der meist ziemlich klare Vorstellungen davon hat, wie sein Leben aussehen sollte. In seiner Sofaecke zusammengerollt träumt er von Liebe, Zärtlichkeit und echter Freundschaft.
Wie herrlich wäre es, bei diesem tollen Wetter mit jemandem hinauszufahren an einen See, zu baden, zu picknicken … Und wenn die Schneeflocken fliegen, was gäbe es jetzt Schöneres, als es sich zu zweit so richtig gemütlich zu machen! Nein, daß er nicht wüßte, wie ein lebenswertes Dasein für ihn auszusehen hätte, das kann man gerade dem Alleinsein-Spieler nicht vorwerfen. Doch noch hilft ihm das gar nichts. Im Gegenteil: Seine Phantasien führen eher dazu, daß ihm die Diskrepanz zwischen Wunsch und Wirklichkeit noch deutlicher wird. Das deprimiert ihn zutiefst. Und Depressionen sind nun einmal nicht die beste Voraussetzung, aktiv Veränderungen anzugehen. Versuche in dieser Richtung sind bei einem Alleinsein-Spieler meist ohnehin zum Scheitern verurteilt.
Ein Alleinsein-Spieler wird ziemlich sicher weder in einem Kurs, noch im Theater oder in einem Sportclub einen Partner oder Freunde finden,

denn er wartet nur darauf, daß er von anderen aus seiner Einsamkeit erlöst wird.

Doch was bekommen die anderen dafür von ihm? Solche Gedanken macht sich der Alleinsein-Spieler selten. Sie würden ihn vermutlich auch noch trauriger machen, als es seine Einsamkeit schon tut. Denn anderen Menschen kann der Alleinsein-Spieler tatsächlich nicht viel geben. Die Gesellschaft eines unglücklichen, ständig deprimierten Menschen, der dazu auch noch eine Menge vom anderen erwartet, ist nicht besonders attraktiv.

In meinem Sportclub gibt es zwei oder drei junge Frauen, die ich für recht einsam halte. Wissen Sie, wie wir anderen manchmal über diese wirklich nicht unsympathischen Frauen reden? »Wenn du der den kleinen Finger gibst, dann nimmt sie gleich die ganze Hand«, warnen wir uns gegenseitig. Zugegeben, das hört sich hart an. Aber die Ahnung, daß da jemand in mir einen Erlöser aus seiner Einsamkeit sehen könnte, schreckt mich tatsächlich ab. Diese Verantwortung will ich nicht tragen müssen. Es mag meine Schwäche sein, niemanden ent-täuschen zu wollen – ich weiß, daß man nur sich selbst täuschen und ent-täuschen kann. Doch ich glaube, daß es vielen Menschen ähnlich geht wie mir. Es ist wirklich kein großes Vergnügen, ausgerechnet einem Einsamen zu sagen, daß man die nächsten Tage lieber etwas anderes macht, als ihn zu treffen.

Manchmal geben Alleinsein-Spieler aber tatsächlich viel. Sie überschütten andere geradezu mit kleinen Aufmerksamkeiten, sind die fleißigsten Geburtstagskartenschreiber und sofort zur Stelle, wenn einer mal Hilfe braucht. Trotzdem verlieren sie nicht das Gefühl, daß sie nur deshalb hin und wieder eingeladen oder zu einer Veranstaltung mitgenommen werden, weil der andere sich »revanchieren« will. Dieses Gefühl stimmt haargenau: Die anderen spüren die Absicht und sind verstimmt. Da geht es dem Alleinsein-Spieler nicht anders als dem Opfer-Spieler, der ebenfalls meint, sich nur durch Leistung Liebe erkaufen zu können. Und das klappt niemals.

Daß er um seiner selbst willen geliebt werden könnte, als die Person, die er ist, daran glaubt der Alleinsein-Spieler nicht. Und je länger er allein ist, um so weniger. Denn sonst wäre schon längst jemand da, der mit ihm zusammensein will, oder etwa nicht? Er mißtraut zunächst nur sich selbst, aber im Verlauf des Spiels auch immer mehr allen anderen. Die wollen ihm doch nur zeigen, daß im Grunde mit ihm nicht viel los ist. Auf solche Mißerfolgserlebnisse kann er wirklich verzichten und bleibt irgendwann freiwillig allein. Ein schöner Film im Fernsehen und ein spannendes Buch sind allemal ein größeres Vergnügen, als ständig auf die Tatsache gestoßen zu werden, daß man doch nur abgelehnt wird. Auch der Alleinsein-Spieler wählt unter zwei Übeln das kleinere! Wie sagte doch neulich eine Freundin, die äußerst zurückgezogen lebt, dann aber wohl doch einmal mit einem Bekannten zum Essen ging: »In dem Lokal gab es eine sehr unerfreuliche Szene mit dem Ober! Wenn ich schon einmal ausgehe ... Zu Hause wäre mir der Abend nicht so verdorben worden!«

Warnung an alle Aussteiger! Niemand wird Sie vom Alleinsein erlösen!

Es ist gemein! Erst macht der Alleinsein-Spieler sich selbst fix und fertig, und dann hacke ich auch noch auf ihm herum und sage ihm, daß es tatsächlich keine Freude bereitet, mit ihm zusammenzusein, so unglücklich und deprimiert, wie er sowieso schon ist. Als wenn ihm das weiterhelfen würde!

Es könnte ihm weiterhelfen, wenn er wirklich aussteigen will! Denn daß der Alleinsein-Spieler für seine Einsamkeit selbst verantwortlich ist, heißt anders herum ausgedrückt nichts anderes als: Er kann sein Spiel auch aufgeben. Und das ist schließlich ein durchaus positiver Aspekt. Andererseits ist es natürlich trotzdem richtig, daß der Spieler sich in einem fatalen Teufelskreis befindet: Sein Alleinsein deprimiert ihn. So deprimiert, wie er ist, findet er weder Freunde noch einen Partner. Also bleibt ihm wohl nichts anderes übrig, als erst einmal seine Depression zu überwinden.

Die überwindet er aber nicht, wenn er jetzt alle Hoffnungen auf einen bestimmten Menschen oder den großen Unbekannten setzt, damit dieser ihn erlöst. Erlösen kann sich der Spieler nur selbst. Im Klartext heißt Erlösung nichts anderes als: sein eigenes Problem auflösen, indem man es einmal aus einer anderen Perspektive anschaut.

Wenn sich der Alleinsein-Spieler von einem anderen Blickwinkel aus betrachtet, könnte er zum Beispiel feststellen, daß er in der letzten Zeit recht stark sich selbst vernachlässigt hat. Nicht unbedingt, was die Körperpflege angeht. Nein, da glaube ich zum Beispiel einer Spielerin unbesehen, daß Sie die perfektest lackierten Fingernägel hat und die frischest gewaschenen Blusen trägt.

Was seine eigene Seele angeht, hat sich der Alleinsein-Spieler stark vernachlässigt. Lange hat er nämlich nichts getan, was ihm *wirklich* Spaß gemacht hätte. Er ist fast nur ausgegangen, um endlich Freunde oder einen Partner kennenzulernen. Der Film im Kino, das Schauspiel auf der Bühne, Tennis oder Squash, Spaziergänge oder Museumsbesuche – all das hat er nur unternommen, weil er glaubte, nur unter Menschen kann man Menschen kennenlernen (und damit liegt er gar nicht so falsch). Trotzdem war jede dieser Aktivitäten im Grunde nur frustrierend für ihn. Wenn ihn überhaupt jemand angesprochen hat, dann nur, um nach der Uhrzeit oder nach dem Weg zu fragen.

Jetzt wird es höchste Zeit, daß der Alleinsein-Spieler sich endlich ein bißchen mehr um sich selbst kümmert und nur noch das tut, was ihm wirklich Vergnügen bereitet. Fernsehen und viele Bücher lesen, das schien doch sein einziger Spaß zu sein. Aber so lernt er nie jemanden kennen! Nie!

Richtig. Aber wetten, daß dem Alleinsein-Spieler Fernsehen und Lesen gar keinen so großen Spaß gemacht haben? Sowohl beim Fernsehen als auch beim Lesen kam er ständig ins Grübeln, war selten richtig aufmerksam und hat so manche Seite noch einmal gelesen, weil er inzwischen in Gedanken ganz woanders war – in seinen Tagträumen. Er hat versucht, sich abzulenken und war damit nicht sehr erfolgreich, sonst würde er schließlich nicht soviel über sein Alleinsein jammern.

Was ihm wirklich Spaß machen könnte, das weiß ich selbstverständlich nicht. Vielleicht weiß es der Alleinsein-Spieler ebensowenig. Denn allein hat er ja an nichts Freude, wie er behauptet.

Daß er sich da selbst etwas in die Tasche lügt, weiß er nur noch nicht. Deshalb kann ich einem Alleinsein-Spieler nur empfehlen, sich ganz gezielt eine Beschäftigung zu suchen, die er in seinen Tagträumen gern mit einem Partner teilen würde, und dieses Vorhaben dann einfach allein durchzuführen. Rock 'n' Roll zum Beispiel können Sie auch ohne einen Lebensgefährten lernen. Sollte die Tanzschule darauf bestehen, daß Sie Ihren Partner mitbringen, dann können Sie sich immer noch einen männlichen Tanzbegeisterten per Anzeige suchen. Es muß ja kein Adonis sein. Rock 'n' Roll läßt sich auch mit einem kleinen Dicken erlernen.

Der Alleinsein-Spieler könnte sich aber auch einer Initiative anschließen, die sich um Menschen kümmert, die es noch schwerer haben als er, aus ihrer Einsamkeit herauszukommen, weil sie behindert oder alt sind. Das nötige Verständnis für Probleme mit dem Alleinsein bringt er ja mit. Vielleicht geniert er sich dann endlich auch ein bißchen für sein Selbstmitleid! Was er auch tut: Er muß es um der Sache selbst willen tun und nicht als Mittel zum Zweck, Freunde oder einen Partner zu gewinnen.

Nur über die Begeisterung für eine Sache bekommt der Alleinsein-Spieler die Ausstrahlung, die ihn attraktiv für andere macht. Sein Selbstmitleid langweilt auf Dauer jeden.

Aufwärmübungen für alle, die nicht mehr allein sein wollen

– Erschaffen Sie sich eine Vision von einem Leben zu zweit und einem Freundeskreis. Wenn Sie diese Vision in Ihrem Unterbewußtsein verankern, so wie es in Kapitel 17 ausführlich beschrieben ist, hören Sie mit Ihren Tagträumereien schneller auf. Immer, wenn in Ihnen Bilder nach dem Motto aufsteigen »Wie schön wäre es, wenn ...«, stoppen Sie sie und ersetzen sie durch die Vision, Sie hätten es schon geschafft. Dieser Trick gibt Ihnen eine viel positivere Ausstrahlung, als wenn Sie sich ständig selbst plagen mit der Diskrepanz zwischen Wunsch und Wirklichkeit.

– Auch wenn es brutal klingt: Meiden Sie Einsame! Die Jammerlieder, die Ihnen vorgesungen werden, erhöhen die Wiederansteckungsgefahr! Es ist jedoch etwas anderes, sich einer Gruppe anzuschließen, die sich um Einsame kümmert! In solchen Gruppen geht es viel fröhlicher zu, als die meisten glauben.

– Geben Sie anderen gegenüber offen zu, daß Sie für Ihren Geschmack viel zu oft allein sind und daß Sie sich riesig freuen, wenn andere Sie mal zum Stammtisch oder ins Kino mitnehmen. Wenn Sie Ihr Bedürfnis nach mehr Kontakten verheimlichen, verkrampfen Sie sich, und das schadet Ihrer Ausstrahlung.

15. KAPITEL

»Im Bett bin ich keine tolle Nummer!«

Eine Niete im Bett? Wer gibt so etwas schon freiwillig zu? Tatsächlich ist dieser Jammersatz einer, der im verborgenen so lange blüht und gedeiht, bis die vermeintliche erotische Null-Nummer wirklich so verkrampft und gehemmt ist, daß auch gar nichts mehr so funktioniert, wie man es gern hätte.

Die Standards, denen es nachzueifern gilt, sind mittlerweile ja fast jedem bekannt. Multipler Orgasmus und Quickie, der wieder fast in Vergessenheit geratene G-Punkt und die weibliche Ejakulation, Sex im Fahrstuhl und unter Wasser – wer da nicht mithält, der kann einpacken. Und wem ein Kursus über erfolgreiches Onanieren zu peinlich ist, der ist schließlich selbst schuld, wenn es bei ihm noch nicht einmal zum Orgasmus in Einfachausführung reicht.

Damit man endlich klar erkennt, welch Versager man unterm Plumeau ist, empfiehlt es sich, sehr viel einschlägige Trivialliteratur zu dem Thema zu lesen, besonders manche Illustrierte. Die Autorinnen und Autoren verraten einem schon, wo es in puncto Sex langgeht: Das oft goldmedaillen-verdächtige Liebesleben mancher Schreiber muntert nicht nur als Bettlektüre jede Frau auf, die länger als dreieinhalb Minuten zum Orgasmus braucht oder ihn gar nicht kriegt. Nein, so verklemmt sind wir nicht mehr! Wir Frauen haben doch längst gelernt, daß wir uns alles holen können, was wir zum erotischen Glücklichsein brauchen.

Kein Orgasmus? Am Ende noch nicht einmal so richtig Lust? Das hat man vielleicht noch vor zwanzig, dreißig Jahren ungestraft zugeben können! Heute darf das nicht mehr unterkommen. Heute haben die Männer ja soviel dazugelernt und wissen, wie man es einer Frau richtig macht. Und wer trotz außergewöhnlicher Bemühungen seines Partners nicht so ganz mitzieht, der ist einfach nicht in Ordnung – frigide oder orgasmusunfähig oder gar beides.

Der gehört in die Sexualtherapie. Aber da es ihm ja selbst so peinlich ist, seine erotische Null-Begabung zuzugeben, macht er es lieber wie die gute Sally in der Komödie »Harry und Sally«. Wenn Sie den Film gesehen haben, dann können Sie sich sicher an Sallys Antwort auf Harrys Behauptung erinnern, ein Mann würde sofort merken, wenn eine Frau ihm einen Orgasmus vorspielt. Mitten in der Imbißbude stöhnt Sally dem verdutzten Harry einen Orgasmus vor, mit dem sie jeden Synchronwettbewerb für einen Pornofilm hätte gewinnen können.

Theoretisch weiß die aufgeklärte Frau von heute ja längst, daß sie im Schlafzimmer weder an ihren Pickel am Po noch an die Schwangerschaftsstreifen am Bauch denken sollte. Im Schlafzimmer ist Geilheit angesagt, und da verbieten sich solche Gedanken einfach. Daß sie nun überlegt, ob sie in der Rücken- oder Bauchlage den appetitlicheren Anblick bietet, ist ja nun wirklich nicht ihrem Gefährten anzulasten! Ein Pech nur, daß die Autoren der vielen klugen Artikel einem nie sagen, wie man solche Gedanken vertreiben soll.

Bei der Ex-Prostituierten Domenica solle sie sich so manchen Tip holen, riet ihr neulich eine Freundin, der sie sich halbwegs anvertraute. Domenica hätte ein Buch geschrieben, in dem genau drinsteht, wie man Männer total aus dem Häuschen bringen kann. Aber so eine Prostituierte hat gut reden. Wenn die mit ihrer Nummer mal danebenliegt, kann ihr das auch ziemlich schnuppe sein. Dann kommt der Kunde halt nicht wieder.

Aber daß ihr Fränzchen noch lange bei ihr bleibt, das ist der Normalfrau wichtig! Da möchte sie nichts falsch machen! Und deshalb gibt sie sich auch viel Mühe und macht alles mit, was Fränzchen so vorschlägt. Dadurch gerät zwar er manchmal aus dem Häuschen, aber sie leider noch immer nicht. Also, wenn Fränzchen das mal mitbekommen sollte, daß ihr das gar nicht soviel Spaß macht, wie sie manchmal tut, das wäre eine Ka-ta-stro-phe!

Deshalb ist es vielleicht gar nicht so ungeschickt, Fränzchen frühzeitig gegen Hänschen einzutauschen und Hänschen gegen Peterchen… Bevor einer merkt, was wirklich mit ihr los ist. Vielleicht ist dann auch endlich mal einer dabei, wo dann doch plötzlich alles wie am Schnürchen klappt. Wie heißt es doch so schön: Man muß viele Frösche küssen, bevor man einen Prinzen findet!

Das Sex-Niete-Spiel und seine Spielregeln

Gekonnte Sex-Niete-Spieler spielen ein doppeltes Spiel. Nach außen hin geben sie sich betont sexy, machen dem Partner die Wahnsinnsorgasmen vor und sind selbstverständlich zu jedem Sexspielchen bereit. Nur vor sich selbst kommen sie mit diesen tollen Nummern nicht durch. Da sind sie zutiefst davon überzeugt, es auf dem Laken einfach nicht so richtig zu bringen.

Ihre Überzeugung ist: Ich werde von einem Mann nur dann geliebt, wenn ich erotisch für ihn die Größte bin. Und da sich die meisten Männer schon eine Weile lang umgeschaut haben, was beim Thema Sex so gang und gäbe ist, und ebenfalls über eine Menge theoretischer Informationen verfügen, ist es schließlich gar nicht so einfach, den Mann davon zu überzeugen, daß er mit der Frau an seiner Seite die absolute Superfrau schlechthin erwischt hat.

Dieser Streß verhindert eigene Genüsse so sicher, wie es das Amen in der Kirche gibt. Und mit dem vielgepriesenen Ratschlag, wenigstens im Bett so ehrlich wie möglich zu sein, ist einer Sex-Niete-Spielerin auch nicht geholfen. Soll sie ihrem Gefährten nach eineinhalb Jahren gestehen, daß sie viel weniger von der Bett-Gymnastik hatte, als er bisher geglaubt hat? Und wenn es manche Therapeuten noch so falsch finden: Auch ich würde da lieber meine Klappe halten.

Wie jedes Spiel hat aber auch das Sex-Niete-Spiel einen Vorteil, sonst würde es ja keiner spielen. Wer sich hundertprozentig auf männliche Bedürfnisse einstellt, der hat es anfangs ziemlich leicht, den einen oder anderen Bettgenossen zu finden. Und sich so die Bestätigung zu holen, daß er immerhin so übel nicht sein kann. Das unterschwellige Bewußtsein, trotzdem irgendwie sexuell ein bißchen falsch gepolt zu sein, kann dadurch natürlich von Zeit zu Zeit durchaus etwas beschwichtigt werden. Wenn ich schon Orgasmusprobleme habe, dann will ich wenigstens die Ehre, meinem Sexpartner einen Super-Orgasmus verschaffen zu können. Bei Sex-Niete-Spielern (männlichen und weiblichen) ist der Service tatsächlich perfekt.

Doch auf die Dauer bringt das nicht viel. Auch der allerbeste Service macht aus einem Hotel noch kein Zuhause, in das man gern zurückkommt. Die Wärme fehlt, die Herzlichkeit, die Intimität. Irgendwann kommen auch der Sex-Niete-Spieler und sein Gegenspieler nicht um die Einsicht herum, daß man auch für den allerbesten Service keine Liebe kaufen kann.

Aussteigen macht Ihren Ruf kaputt!

Bisher sind die meisten Leute davon ausgegangen, daß Sie sexuell so leicht nicht zu überbieten sind. Wenn Sie aus dem Spiel tatsächlich aussteigen wollen, sollten Sie sowohl sich selbst als auch einigen vertrauten Freunden oder Freundinnen diesen Zahn ziehen. Aber tun Sie es möglichst dezent. Kein Mensch verlangt von Ihnen, daß Sie auf einer Party öffentlich Ihre Orgasmus- oder Lustprobleme bekennen. Das Thema ist für Gespräche unter vier Augen besser geeignet. Wenn Sie ehrlich sind, werden Sie feststellen, daß auch andere viel ehrlicher zu Ihnen sind. Auf diese Art erfahren Sie, wie es in anderen Betten tatsächlich zugeht. Und das dürfte manche Ihrer Annahmen über den Haufen werfen.

Genauso rigoros sollten Sie sich von dem Gedanken verabschieden, daß Sie mit Super-Sex einen Mann an sich binden können. Ich will gar nicht leugnen, daß eine starke erotische Faszination zwei Menschen immer wieder zueinanderzieht. Aber auf Dauer klappt das nur, wenn die Attraktion gegenseitig ist. Sie jedoch sind von Ihrem Partner gar nicht erotisch so fasziniert, wie Sie manchmal vorgeben. Zumindest dann nicht, wenn es zur Sache geht.

Sie wissen selbst, daß Sie das Spiel aus Angst spielen. Angst davor, nicht genügend geliebt zu werden, verführt Sie dazu, sich anders zu geben als Sie sind. So aber werden Sie sich nie geliebt fühlen! Sie wollen auch als diejenige angenommen werden, die Sie sind, und nicht als die, die Sie spielen. Das ist natürlich ein starkes Motiv für Sie, mit dem Spiel aufzuhören.

Die Frage bleibt: Wie sollen Sie sich statt dessen verhalten? Wenn Sie einen Mann neu kennenlernen, wäre es sehr geschickt von Ihnen, nicht so bald mit ihm ins Bett zu gehen. Lassen Sie ihn doch erst einmal alles andere an Ihnen lieben! Und den Sex klammern Sie einfach noch aus. Nach einiger Zeit wird der Mann Sie als ganze Person wahrnehmen und Sie bestenfalls wirklich lieben. Liebt er sie, wird er so viele Seiten an Ihnen schätzen, daß es kein Drama mehr ist, wenn Sie nicht die große Sex-Künstlerin sind. Falls er Sie verläßt, weil Sie noch nicht bereit sind, mit ihm zu schlafen, können Sie ihn sowieso vergessen. In dem Fall hat er Sie einfach nicht geliebt.

Wenn Sie warten, hat das außerdem noch einen weiteren Vorteil: Die Sicherheit, die Sie durch seine Geduld bekommen, macht es Ihnen leichter, locker zu bleiben. Und eine entspannte Seele hat dem Sex noch nie geschadet.

Sie können ihm auch durchaus gestehen, daß Sie nicht von der schnellen Truppe sind. Es ist kein Fehler, einem Mann zu sagen, daß man normalerweise nicht in zehn Minuten zum Orgasmus kommt oder erst eine Weile mit jemandem zusammen sein muß, bevor es überhaupt klappt. Dadurch nehmen Sie ihm das Gefühl, er würde etwas falsch machen. Auch Männer sind sehr empfindlich, was ihre Sexualität angeht!

Wenn er tatsächlich etwas »falsch« macht, also sich so verhält, wie es ihm Spaß macht, aber nicht Ihnen, kritisieren Sie ihn nicht. Was kann er dafür, daß Sie andere Vorlieben haben? Sagen Sie ihm lieber, wie Sie es wahnsinnig gern auch mal hätten!

Erste Schritte für Aussteiger

– Ab sofort hören Sie mit Ihrem Service auf. Was hat er Ihnen bisher gebracht? Gar nichts! Ihr Partner hatte in olympischer Zeit seinen Orgasmus, Sie gingen leer aus. Statt dessen üben Sie sich lieber in dem altbewährten Spiel, seinen Wünschen nicht sofort nachzugeben. Weihen Sie ihn ruhig ein, wenn Sie ab jetzt vorhaben, ihn zwar heiß zu machen, ihn aber nicht gleich ranzulassen. Es wird ihm gefallen!

– Kaufen Sie sich ein Buch über Tantra-Sex, und befolgen Sie die entsprechenden Regeln. Hier geht es darum, das Liebesspiel so lange und genußvoll wie möglich hinauszuzögern. Da die meisten Männer sowieso glauben, die Asiatinnen seien sexuell das siebte Weltwunder, stoßen Sie mit diesem Vorschlag bei Ihrem Partner aller Wahrscheinlichkeit nach auf sehr offene Ohren.

– Hören Sie auf, sich betont sexy anzuziehen. Je mehr Sie ausstrahlen, daß Sie wählerisch sind, um so spannender werden Sie für Männer. In diesem Fall hatten unsere Mütter und Großmütter leider recht, wenn sie sagten: Willst du gelten, mach dich selten.

16. KAPITEL

Entwerfen Sie eine Vision!

Nun haben Sie gesehen, wohin Jammersätze führen: nirgendwohin! Sie halten einen genau dort fest, wo man im Augenblick ist – im Jammertal. Daß wir dort überhaupt bleiben, liegt an unserer Angst. Woher sollen wir wissen, daß es außerhalb des Jammertals nicht noch schlimmer kommt? Und gibt es nicht eine Menge Leute, die sich beim Sprung ins kalte Wasser das Genick gebrochen haben? Ja, wenn sie unüberlegt gesprungen sind!

Zu jeder erfolgreichen Tat gehört ein Plan. Wozu haben wir unsere Intelligenz, wenn nicht dazu, unsere Handlungen zu planen? Wozu haben wir unsere Phantasie, wenn nicht auch dazu, vorauszuschauen und Gefahren mit einkalkulieren zu können? Und dann das Risiko nicht unnötig zu vergrößern. Die wagemutigsten Menschen sind auch oft diejenigen, die am besten planen können. Jeder Fallschirmspringer zum Beispiel faltet seinen Schirm selbst zusammen, um ganz sicher zu gehen, daß der Schirm beim nächsten Sprung aufgeht. Die Touren eines Reinhold Messner sind bis ins letzte Detail geplant. »Zu wahrer Furchtlosigkeit kommen wir nicht, indem wir die Angst abmildern, sondern indem wir sie überschreiten«, sagt Choegyam Trungpa, der tibetanische Meditationsmeister.

Also hören Sie Ihrer inneren Stimme ruhig zu, die Sie immer wieder davor warnen will, etwas Neues auszuprobieren. Hören Sie ihr zu, aber hören Sie nicht auf sie. Es ist die Stimme der Feigheit. »Der Weg der Feigheit besteht darin, sich in einen Kokon einzuspinnen, in dem alles beim alten bleiben kann. Wenn wir immer aufs neue unsere alten Verhaltens- und Denkmuster abspulen, brauchen wir nie den Sprung an die frische Luft oder auf neues Terrain zu wagen«, schreibt Trungpa. Der Weg aus dem Kokon führt über *Visionen*. Sie sind bildliche Vorstellungen von dem, was man erreichen will. Visionen sind Hormone des Mutes! Sie sind die Wegweiser, die aus dem Jammertal herausführen und die Richtung anzeigen. Mit einem positiven Ziel vor Augen fällt auch eine beschwerliche Reise leicht. Wer sich auf sein Ziel freut, dem erscheint sogar vieles gar nicht als Arbeit und Mühe. Einkaufen gehen, Gemüse putzen, Gläser blank reiben, das würden die meisten Menschen als Arbeit ansehen. Aber als Vorbereitung auf ein festliches Menü machen diese Dinge Spaß. *Mit einem Ziel wird das Handeln in einen Kontext, einen Zusammenhang, eingebunden.* Ohne den Kontext »festliches Menü« hat man keine Freude an seiner Arbeit. Die Vision, der Kontext, hält einen gutgelaunt auf Trab.

Menschen, die ohne Kontext leben, haben es schwer. Für sie ist jedes Tun Arbeit, Mühe und Plage. Viele stöhnen zum Beispiel ständig über ihre Arbeit, die sie kaputtmacht. Oft sind es genau die Leute, die nach Feierabend Stunden im Hobbykeller verbringen. Dort machen sie oft ganz ähnliche Dinge wie in ihrem Job. Und doch haben sie unvergleichlich mehr Spaß daran, für sich selbst etwas zu tun – das scheint ihnen keine Arbeit mehr zu sein, sondern das reinste Vergnügen. *Das Glück liegt nicht in der verwirklichten Vision, sondern auf dem Weg dorthin.*

Wozu dann erst eine Vision schaffen? Wozu auf ein Ziel hinarbeiten, wenn man es vielleicht doch nie erreicht? *Weil auf dem Weg zu einem Ziel automatisch Glück abfällt. Wer sich mit einer Vision beseelt, lebt intensiver. Und Glück ist das Abfallprodukt eines intensiven Lebens.* Erinnern Sie sich einmal an die glücklichen Momente Ihrer Kindheit. Mit welchem Feuereifer waren Sie dabei, als Sie Weihnachtsschmuck gebastelt, ein Legohaus gebaut oder Ihren ersten Pudding gekocht haben! Wann haben Sie das letzte Mal etwas mit dieser Intensität und mit dieser Konzentration getan? Ob Sie Ihren Weihnachtsschmuck von damals heute noch schön finden, spielt keine Rolle.

Genausowenig haben Sie eine Garantie dafür, daß Ihre Vision Ihnen noch gefällt, wenn Sie sie tatsächlich erreicht haben. Vielleicht war der Stern, nach dem Sie gegriffen haben, aus Talmi. Das macht überhaupt nichts! Es hindert Sie nämlich nichts daran, sich einen neuen Stern auszusuchen, eine neue Vision zu entwerfen. Das ist der ganze Trick dabei: Ist die Vision erst einmal Wirklichkeit geworden, so braucht man eine neue. Sonst tauscht man den alten Kokon nur gegen einen neuen ein und erstickt vielleicht ein bißchen komfortabler im Eigenheim.

Natürlich sind es große Glücksmomente, ein langersehntes Ziel erreicht zu haben. Aber die Freude hält nicht an. Wenn alle Menschen in ihren Ehen so glücklich wären wie am Tag ihrer Hochzeit, gäbe es wohl weniger Scheidungen.

Das Wichtigste jedoch ist, erst einmal loszugehen, den Sprung ins kalte Wasser zu wagen. Unterwegs wird man sich öfter fragen »Wozu das Ganze?« Und die alten Jammersätze werden automatisch wieder hochkommen. Wer aber eine Vision hat, über den haben die Jammersätze keine Macht mehr. Der Blick zurück auf das Gefängnis, auf den Kokon, aus dem der Mensch kommt, gibt ihm die Sicherheit, daß er dorthin nie wieder zurückgehen will. Die Vision gibt ihm den Impuls in die richtige Richtung.

Und was ist die richtige Richtung? Woher soll ein Mensch wissen, auf welche Art und Weise er glücklich werden kann. »Heirate erst einmal und gründe eine Familie. Dann wirst du ausgeglichener«, empfiehlt die Mutter. »Vergeude dein Talent nicht. Mach Karriere. Das stärkt dein Selbstwertgefühl«, rät ein anderer. Man sollte besser auf niemanden hören. Andere versuchen einem nur ihre eigene Vision von einem glücklichen Leben aufzudrängen. *Aber auf dem Weg zu einer fremden Vision fällt kein Glück ab.*

Ein junger Mann studiert zum Beispiel Zahnmedizin, weil es so praktisch ist, später die Praxis seines Vaters zu übernehmen. Doch wenn »Zahnarzt« nicht seine eigene Vision ist, wird er ein miserabler Student sein und ein unglücklicher obendrein. Vielleicht fällt er in Prüfungen durch und sagt sich: »Ich schaff' das sowieso nicht.« Vielleicht verbummelt er seine Zeit, weil alles andere für ihn aufregender ist, als über seinen Büchern zu sitzen. Sein Vater wirft ihm seine Faulheit vor. Doch eigentlich sollte jeder dankbar für seine Faulheit sein. Sie zeigt einem nämlich, daß man nicht auf dem richtigen Weg ist.

Ich selbst war jahrelang eine reichlich faule Schülerin. Zwei Jahre vor dem Abitur wechselte ich die Schule, weil ich den Eindruck hatte, meinen schlechten Ruf an der alten Schule nie wieder aufpolieren zu können. Jedenfalls nicht innerhalb kurzer Zeit. Auf der neuen Schule hatte ich in Mathematik eine noch schlechtere Zensur als auf der alten: eine glatte Sechs. Im Mathematikunterricht war man dort schon viel weiter. Ich kam überhaupt nicht mehr mit. Doch mein Abitur wollte ich.

Innerhalb kürzester Zeit entwickelte ich mich zu einer der fleißigsten Schülerinnen, die die Welt je gesehen hat. Manche Nacht paukte ich bis drei oder vier Uhr morgens Mathe. Im Abitur schrieb ich die zweitbeste

Arbeit mit der Zensur 1–2. Darauf bin ich noch heute stolz. Denn diese Erfahrung hat mir gezeigt, daß ich kann, wenn ich nur will, auch wenn der Einsatz hoch ist.

Wer ein Ziel, eine Vision hat, der zahlt den Einsatz gern, denn er ist motiviert. Dieses Prinzip zieht sich wie ein roter Faden durch die Erfolgsgeschichten nach dem Muster »vom Tellerwäscher bis zum Millionär«. »Ist es nicht hart, auf Freizeit zu verzichten?« werden Selfmademänner und -frauen von Interviewern oft gefragt. Fast alle entgegnen darauf, daß sie keinen Unterschied machen zwischen der privaten und der arbeitenden Person. Wer sich mit seiner Arbeit identifiziert, wem sie Spaß macht, der sehnt sich nicht schon am Montag nach dem Freitag.

Wer an eine Vision denkt und dabei nicht von selbst lächelt, entspannter und glücklicher wird, der hat die falsche. Der muß für seinen eigenen Film noch mehr Phantasie entwickeln. Vielleicht war das Ziel zu armselig? Eine Portion Größenwahn hat bei der Entwicklung einer Vision noch nie geschadet. Ent-wickeln Sie Ihre Vision. Entwickeln Sie sie wie einen Turban, der Ihnen jetzt noch die Augen verbindet. Der Turban ist gewebt aus all den Erwartungen, die andere Menschen an Sie haben, aus dem, was »die Gesellschaft« für erstrebenswert hält, aus dem, was Sie an Vorurteilen über sich selbst gespeichert haben. Nach einiger Zeit wird Ihr Blick klar sein; Sie sehen Ihre Vision wie ein gestochen scharfes Dia vor Augen. Oft entsprechen diese Visionen den Träumen, die wir als Kinder und Jugendliche hatten und die wir uns später – als wir »vernünftig« wurden – selbst verboten haben.

Manchmal verbieten wir uns »verrückte« Vorstellungen und hochfliegende Pläne, weil wir abergläubisch sind. Aber das Sprichwort »Der Vogel, der morgens singt, wird abends von der Katze gefressen« ist im Grunde auch nichts anderes als die Parole des Feiglings.

Sogar wenn Sie fünfzig Jahre alt wären, hinderte Sie gar nichts daran, Ihren alten Traum zu verwirklichen, einmal als Fotomodell zu arbeiten. Wahrscheinlich werden Sie zwar nicht gerade von Karl Lagerfeld zum nächsten Supermodell gekürt werden, aber Werbeagenturen sind zum Beispiel ständig auf der Suche nach neuen Gesichtern, und zwar in allen Altersgruppen. Also scheren Sie sich nicht darum, daß ein paar Leute Sie wegen Ihrer Visionen auslachen werden. Sie brauchen sie ja auch nicht an die große Glocke zu hängen. Hauptsache, Sie wissen, wo es für Sie langgeht.

Manchmal kann auch ein Film eine Sehnsucht wecken, oder ein Buch, das Sie begeistert hat, führt Sie auf Ihren Weg. Es schadet überhaupt nicht, wenn Sie sich von fremden Visionen Inspiration für Ihre eigenen holen. Sie werden sie jedoch hier und da verändern müssen, damit sie zu Ihnen passen.

Wie eine Vision Sie in Bewegung versetzt, können Sie sich am Beispiel eines Bauherrn klarmachen. Am Anfang war das Wort »Haus«. Wer immer an Haus denkt, der wird plötzlich anfangen, beim Telefonieren Häuser zu malen. Er wird sie sich beim Spazierengehen viel intensiver anschauen als vorher. Der Wunsch nach einem Haus differenziert sich allmählich. Dem Bauherrn wird klar, daß er eines aus Ziegeln will und nicht aus Holz oder Glas. Je mehr er sich mit »Haus« beschäftigt, um so stärker nimmt der Gedanke Formen an. Irgendwann wird er einen Architekten damit beauftragen, ihm ein Ziegelhaus zu bauen.

Doch niemals wird sich ein Gedanke, eine Vision verwirklichen, wenn man sich nicht für eine bestimmte Vision entscheiden kann. Wenn man hin- und hergerissen ist zwischen dem Wunsch, die Ferien in den USA oder in Sri Lanka zu verbringen, bekommt man kein Ticket mehr, wenn man Urlaub hat. Dann tut man so, als hätte das Schicksal für einen entschieden. Deshalb bringen es auch die Leute zu nichts, die jeden Abend am Tresen eine andere Idee zum besten geben, wie man an das große Geld kommen kann. Wer heute diese und morgen jene Vision hat, gibt keiner die Chance, sich zu verwirklichen.

Je detaillierter eine Vision ist, um so eher erreicht man sie. Wer nur eine sehr unklare Vorstellung hat, der erkennt seine Vision vielleicht gar nicht, wenn sie ihm über den Weg läuft. Wer etwas sucht, muß eine Vorstellung davon haben, wie es aussieht. Beispiel: der Deckel meiner alten Thermoskanne. Ständig habe ich ihn gesucht. Und obwohl er vor meiner Nase lag, habe ich ihn einfach nicht gesehen. Ich suchte nämlich etwas Gelbes, Rundes. Auf der Oberseite war der Deckel wirklich gelb, auf seiner Unterseite jedoch schwarz. Hatte ich ihn auf die Oberseite gelegt, war nur noch Schwarz und Rund zu sehen. Weil ich aber nach Gelb suchte, fand ich ihn nicht.

Daß manche Frauen so leicht auf Heiratsschwindler hereinfallen, liegt auch daran, daß sie keine deutliche Vision von einer glücklichen Beziehung haben. Wenn es in ihre Vision nicht hineinpassen würde, daß jemand ihr Konto abräumt, würden sie nicht so schnell auf Hochstapler hereinfallen. Andere Frauen wiederum haben die Vision, nur einen reichen Mann zu heiraten. Kein Wunder, daß sie nur an wohlhabende Männer geraten. Die anderen sehen sie gar nicht.

Wenn Sie jemanden neu kennenlernen, der eine bestimmte Automarke fährt, sehen Sie plötzlich viel mehr Wagen dieser Marke als vorher. Ganz von selbst beachten Sie nun diese Autos. Wenn Ihre Vision einer glücklichen Beziehung sexuelle Treue ist, macht Sie diese Vision immun gegen den Playboycharme. Sich allerdings die Vision zu kreieren, daß ein Frauenheld ausnahmsweise Ihnen treu sein wird, funktioniert nicht *Visionen, die man sich von anderen macht, sind schwer zu verwirklichen.* Ganz einfach deshalb, weil der andere seine eigenen Visionen hat, die er verwirklichen möchte. In dem Psycho-Krimi von Patricia Highsmith »Ediths Tagebuch« wird solch eine Vision beschrieben, die sich Edith, eine Mutter, für ihren Versager-Sohn erträumt. In ihrem Tagebuch denkt sich Edith die herrlichsten Visionen für ihren Sohn aus. Sie bleiben jedoch reine Illusion und führen die ganze Familie in die Katastrophe. Denn tatsächlich tut Edith gar nichts, um ihrem Sohn bei der Entwicklung *seiner* Vision zu helfen

Visionen sind dann am erfolgreichsten, wenn sie nicht nur dem Ego schmeicheln. Eine stark egozentrierte Vision wäre zum Beispiel, wenn eine Schauspielerin sich vorstellt, wie sie den »Oscar« in Empfang nimmt. Da das Ego immer eine sofortige Befriedigung der Bedürfnisse erwartet, ist die Gefahr groß, daß man schnell und frustriert aufgibt. Eine kraftvollere Vision für die Schauspielerin wäre die Vorstellung, eine bestimmte Glanzrolle ganz hervorragend zu spielen. Sie wertet kleinere Rollen auf dem Weg dorthin als willkommene Übungen und Vorbereitungen für das große Ziel.

Vermutlich hat ein Lech Walesa kaum die Vision gehabt, Staatspräsident zu werden. Seine Vision, die ihn beseelt hat, war ein freies Polen. Ohne sie hätte er sicher schneller aufgegeben. Und für nichts als den eitlen Wunsch, Staatspräsident zu werden, hätte er so lange kaum soviel Unterstützung gefunden.

Wer eine Vision hat, der hat eine positive Ausstrahlung. Visionen versetzen einen tatsächlich in eine höhere Schwingung. Mit dem EEG (damit mißt man Gehirnströme) ist das wissenschaftlich nachgewiesen worden. Mit einer vitalen, positiven Ausstrahlung fällt einem das Glück oft automatisch zu.

Aus meiner Zeit als festangestellte Redakteurin weiß ich noch, wie mich manche freien Schreiber gelangweilt haben, die ein paar Themen verkaufen wollten. Wie soll mich jemand für ein Thema begeistern können, der selbst schlapp und lustlos ist? Seither mache ich nun meine Verkaufstour durch die Redaktionen nur dann, wenn ich selbst gutgelaunt bin. Oder ich bringe mich bewußt in eine gute Stimmung. Bisher habe ich von drei Vorschlägen noch immer zwei untergebracht. Einem Kollegen, der seine Ideen schriftlich einreicht, weil er sich mit den Dösköppen in den Redaktionen so ungern verbal herumschlägt, habe ich einmal gesagt: »Begeisterung für ein Thema teilt sich eher durch blitzende Augen mit als durch große Worte.«

Daran liegt es wohl auch, daß sich ausgerechnet dann Männer scharenweise in einen verlieben, wenn man selbst gerade verliebt ist. Eine positive, lebendige Ausstrahlung macht jeden superattraktiv. In der Gegenwart eines beschwingten Menschen hebt sich auch die Stimmung der anderen. Sie verschlechtert sich, wenn wir deprimiert sind. Wer mag da mit uns noch zusammensein? Auch deshalb ist es so wichtig, seine Visionen in seiner Seele zu verankern. So kann man sie jederzeit abrufen, wenn man mal wieder einen Kick braucht. *Visionen sind das Werkzeug, mit dem sich jeder aus dem Sumpf herausziehen kann.*

Oder wie Tom Robbins, der Erfinder des Outlaw Bernard Mickey Wrangle, meinte: *»Es ist nie zu spät, eine glückliche Kindheit zu haben.«* Also haben Sie die Phantasie, sich ein Märchen auszudenken, in dem Sie die Hauptrolle spielen. Und wagen Sie es, dieses Märchen Wirklichkeit werden zu lassen!

17. KAPITEL

Glück ist eine
Überwindungsprämie

Das Beste an der Visionstechnik zuerst: Sie können so bleiben, wie Sie sind! Sie brauchen *sich selbst* nicht zu verändern. Solch ein Versuch hätte sowieso wenig Sinn. Oder hatten Sie jemals Erfolg damit, wenn Sie sich vorgenommen haben, nicht mehr so ungeduldig, so rechthaberisch oder eifersüchtig zu sein? Wahrscheinlich nicht. Der stärkste Motor für Veränderungen ist doch meist der, mehr Liebe, mehr Anerkennung zu bekommen. Wer sich selbst verändern will, der hält sich im Grunde für wenig liebenswert. Wer sich selbst nicht für liebenswert hält, der hat es schwer, von anderen geliebt zu werden. So beißt sich die Katze in den Schwanz. Außerdem will ja eigentlich jeder so geliebt werden, wie er *ist*, und nicht, wie er sein *sollte*. Nein, Veränderungen *macht* man nicht.

Veränderungen kommen automatisch, wenn man Visionen hat. Warum fällt es vielen Dicken so schwer, Diät zu halten? Weil sie keine Vision in sich verankert haben! Eine Frau, die trotz ihrer einhundert Kilogramm die Phantasie hat, sich vorzustellen wie sie ganz schlank in einem engen Kostüm die Spanische Treppe in Rom hinuntergeht, wie die Männer sich bewundernd nach ihr umschauen, wie sie an ihrem Traumstrand im tollen Bikini herumspaziert – diese Frau verändert ihre Figur! Weil jedes Stück Torte oder jede Portion Pommes frites sie von der Verwirklichung ihrer Vision abhält. Kein Mensch wird ohne Diät dünner. Aber mit einer Vision macht die Diät Spaß. Ohne Vision denkt man nur: »Igitt, bin ich fett! Ich sollte abnehmen!« Und frustriert, wie man durch diesen Gedanken ist, verschiebt man die Diät. In Amerika gibt es einen witzigen Button zu diesem Thema: »Diets always begin on Monday.« »Diäten fangen immer montags an.« Mit einer Vision schafft man es leichter, sich zu seinem Glück zu überwinden. Denn: *Glück ist eine Überwindungsprämie.* Denken Sie nur einmal an all die Torturen, die Menschen um ihrer Schönheit willen in Kauf nehmen: Vom Härchenzupfen, bis hin zur Tätowierung halten sie Schmerzen aus, weil sie sich auf das Ergebnis freuen, weil sie eine klare Vorstellung, also eine Vision von ihrer Schönheit haben.

Wie man mit grauen Gedanken sein Unterbewußtsein grau färbt, so färbt man es mit bunten Gedanken bunt. Aber die Seele reagiert sehr langsam. Ein einmaliger Färbevorgang macht sie noch nicht strahlend bunt. Erst muß sie einmal gründlich von Grau- und Schwarztönen, den Jammersätzen, entfärbt werden. Dann ist sie bereit, eine andere Farbe, die Visionen, aufzunehmen.

Ein wunderbares Bleichmittel für die Seele ist die Einsicht, daß alles, was jetzt ist, früher so von mir behauptet wurde. Oder was mit Ihnen ist, von Ihnen behauptet wurde.

Wenn Sie sich nicht mehr genau daran erinnern können, was Sie vor zwei oder drei Jahren oft über sich selbst behauptet haben, schauen Sie in Ihre alten Tagebücher, oder fragen Sie Freunde. Sie werden sehen, daß es stimmt. *Und was Sie jetzt behaupten, wird sich in Zukunft realisieren.* Das ist doch schon ein Grund zur Vorfreude, oder?

Damit Sie sich ab heute auf jeden Tag positiv einstimmen können, sollten Sie sich jeden Morgen beim Zähneputzen die folgenden vier Sätze sagen:

- *Ich bin mutig.*
- *Ich bin stark.*
- *Ich bin neugierig.*
- *Ich bin zufrieden.*

Diese autosuggestiven Beiträge geben Ihnen ein besseres Lebensgefühl, als wenn Sie in den Spiegel schauen und dabei denken: »Himmel, wie sehe ich denn heute morgen wieder aus!« Oder: »Schon wieder so ein Tag, an dem man am liebsten im Bett bleiben möchte.« Vielleicht schreiben Sie diese vier Sätze auf einen Zettel und kleben ihn an den Badezimmerspiegel. So sind Sie gezwungen, sie täglich zu lesen.

Es ist für die Wirksamkeit der Autosuggestionen sehr wichtig, daß Sie sagen »Ich bin« und nicht »Ich werde«. Sie wollen ja jetzt mutig und stark sein und nicht erst übermorgen. Wiederholen Sie die Sätze immer dann, wenn Sie ein bißchen entrückt sind, wenn Sie etwas tun, das Ihre Aufmerksamkeit nicht allzusehr fordert, zum Beispiel beim Bügeln oder bei der Körperpflege. Also immer dann, wenn Sie ins Dösen geraten.

Diese vier Sätze geben Ihnen eine positive Grundstimmung. Sie sind ein positiver Grundkommentar, der Basis-Beitrag, zu Ihrem Leben. Um an die Sterne zu kommen, um Ihre Vision zu verwirklichen, müssen Sie auch die Vision in Ihrer Seele verankern. Und zwar so oft wie möglich, am besten täglich. Gute Zeiten dafür sind die Minuten nach dem Aufwachen, wenn Sie noch in einem halbbewußten Zustand sind, oder die Zeit vor dem Einschlafen.

Vielen Menschen helfen bestimmte Rituale, ein wirklich klares Bild vor Augen zu entwickeln. So könnten Sie sich zunächst drei Farben vorstellen, oder Ihre Lieblingsblume – irgend etwas, was Sie sehr gerne mögen. In Situationen, in denen es Ihnen schwerfällt, sich Ihre Vision vorzustellen, dienen solche Vorübungen als sogenannter Ankerreiz. Die Farben oder die Blume konditionieren Sie auf Ihre Vision. Immer, wenn Sie sich die Blume vorstellen, erscheint dann automatisch die Vision.

Nach dieser Vorübung schauen Sie sich Ihre Vision ganz konkret an, wie ein Dia mit allen Details. Sie können auch Geräusche und Gerüche in die Vision mitaufnehmen. Das Bild darf auch bewegt sein. Sie sollten aber aufpassen, daß sich nicht ein ganzer Film vor Ihrem inneren Auge abspult. Das würde der Vision ihre Kraft nehmen, sie zersplittern.

Am stärksten verankern Sie Ihre Vision, wenn Sie dabei tief entspannt sind. Sollte Ihnen das schwerfallen, versuchen Sie es doch einmal mit der folgenden Übung:

– Setzen Sie sich auf einen Stuhl, und spannen Sie alle Muskeln Ihres Körpers an. Atmen Sie tief ein, halten Sie die Luft an, und beobachten Sie Ihre Empfindungen dabei.

– Jetzt entspannen Sie Ihre Muskeln, indem Sie sie loslassen. Stellen Sie sich vor, daß Sie die Luft aus einem Ballon herauslassen wollen. Mit jedem Ausatmen lassen Sie mehr mehr und mehr heraus, mehr und mehr los.

– Überprüfen Sie nun all Ihre Muskeln auf Entspannung. Sie machen einen Check-up von der Kopfhaut über alle Gesichtsmuskeln, die Schultern, den Oberkörper, die Arme, die Hände, die Gesäßmuskeln, die Oberschenkel bis hin zu den Füßen.

– Dann konzentrieren Sie sich nur auf das langsame und tiefe Ausatmen. Stellen Sie sich vor, daß Sie mit der Luft beim Ausatmen eine kleine Feder wegblasen. Gleichzeitig spüren Sie, daß Sie mit jedem Ausatmen schwerer auf den Stuhl sinken, tiefer in die Entspannung gehen. Zählen Sie bei jedem Ausatmen rückwärts, also von 20 oder 30 bis 0.

– Nun können Sie sich Ihre Vision vor Ihrem geistigen Auge vergegenwärtigen.

Von einem Ziel unterscheidet sich eine Vision in erster Linie dadurch, daß sie in Ihnen die Stimmung erzeugt, Sie hätten es schon geschafft. Ein Ziel ist zunächst einmal nur ein verbales Etikett. Und das hat entschieden weniger Sogkraft als eine Vision. Bei einer Vision kann man ins Schwärmen geraten. Bei der Formulierung eines Ziels bleibt man so lange cool, wie das Ziel noch nicht von einer bildhaften Vision begleitet ist.

Wie wirksam Autosuggestionen sind, können Sie selbst testen. Wenn Sie kalte Füße haben, schließen Sie die Augen und stellen sich vor, Sie würden Ihre Füße gegen einen warmen Kamin drücken. Nach einiger Zeit haben Sie wirklich wärmere Füße. Auf die gleiche Art funktioniert zum Beispiel auch die Entspannung beim autogenen Training.

Die Visionstechnik läßt sich aber auch mit dem Bio-Feed-Back vergleichen. Dabei wird ein Gerät verwendet, das den Hautwiderstand mißt, also den Spannungszustand des Körpers. Ähnlich wie beim EKG werden an einigen Stellen des Körpers Meßfühler angebracht. Ein Kontrollton zeigt an, wie tief der Körper entspannt ist. In der Behandlung von zu hohem Blutdruck hat man mit dem Bio-Feed-Back-Gerät ausgezeichnete Erfolge erzielt.

Einem Patienten zu sagen, er solle sich entspannen, dann würde sein Blutdruck schon sinken, bewirkt nämlich oft das Gegenteil. Der Patient strengt sich an, um seinen Blutdruck sinken zu lassen. Und genau diese Anstrengung läßt den Blutdruck noch höher steigen. Die Konzentration auf ein ganz anderes Ziel – nämlich den Kontrollton des Gerätes tiefer werden zu lassen – senkt den Blutdruck tatsächlich. Man hört nämlich selbst, daß der Gedanke »hoher Blutdruck« auch den Ton erhöht. Deshalb stoppt man diesen Gedanken und wählt einen anderen. Daß die Methode wirklich funktioniert, habe ich selbst einmal ausprobiert.

Das Erstaunliche bei der ganzen Sache: Mit bewußter Anstrengung, mit Kampf erreicht man genau das Gegenteil. Es ist wie mit den beiden Kollegen, von denen der eine völlig verbissen auf sein Ziel hinarbeitete, Chef zu werden. Der andere dagegen war von dem Gedanken beseelt, eines Tages auf dem Chefsessel zu sitzen, und natürlich arbeitete er auch dafür. Aber weil er sich sicher war, irgendwann sein Ziel zu erreichen, brauchte er dem Posten nicht hinterherzurennen, sondern konnte sich voll auf seine tägliche Arbeit konzentrieren. Konzentriert arbeitet jeder besser. So bekam er den Posten.

Visionen geben jedem die Lockerheit und die Sicherheit, sein Ziel zu erreichen, ohne dabei zu verunglücken. Können Sie sich noch an Ihre ersten Fahrstunden erinnern? Als Anfänger startet man – mit dem Tunnelblick – nur wenige Meter nach vorn auf die Fahrbahn. Man hat nur im Sinn, diese nächsten Meter nichts falsch zu machen. Dadurch fährt man unsicher, zittrig und sieht weder Gefahren von rechts noch von links. Mit mehr Übung starrt man nicht mehr wie hypnotisiert geradeaus, sondern hat die gesamte Straße im Auge und noch, was rechts, links und hinten passiert. Auch über einen Schwebebalken balancieren Sie ebenfalls viel sicherer, wenn Sie zwar wissen, wo Sie ankommen wollen, aber beim Gehen nicht auf den Balken schauen und jeden einzelnen Schritt kontrollieren. So bekommen Sie auch noch mit, was um Sie herum passiert.

Mit der Vision vor Augen brauchen Sie für Ihr Glück nicht verbissen zu kämpfen. Sie werden Ihr Ziel verfolgen, als ob Sie es nicht hätten. Sie können loslassen!

Vielleicht war Ihnen bisher die Bedeutung von »loslassen« etwas unklar. Manche Leute verstehen darunter, daß einem ein anderer gleichgültig wird. Das jedoch ist nicht gemeint. Loslassen heißt nichts anderes, als sich von alten Einstellungen trennen zu können, mit der Rechthaberei aufzuhören. Das ist keine Folge von Gleichgültigkeit, sondern von Interesse für den anderen. Wer sich für den anderen interessiert, will seine Einstellungen kennenlernen und verstehen. Gleichgültige Menschen wollen ihre Einstellungen dem anderen aufpfropfen.

Verfolge dein Ziel, als ob du es nicht hättest! Beim ersten Lesen oder Hören klingt das unverständlich. Doch stellen Sie sich einmal vor, ein Hotelboy hätte das Ziel, zum Direktor zu avancieren. In dem Moment, in dem der Hotelboy ständig an sein Ziel denkt, wird er seine derzeitige Arbeit nur ungern machen. Entweder wird er anmaßend, weil er sich schon wie der Direktor aufführt, oder er ist frustriert, weil er noch von allen Seiten Befehle entgegennehmen muß und führt sie nur dürftig aus. Einen schlechten Hotelboy wird man aber kaum befördern. Das Ziel, Direktor zu werden, kann sich so nicht verwirklichen.

Wenn er sein Ziel verfolgen würde, als ob er es nicht hätte, fiele es ihm leichter, auch seinen Job als Hotelboy so gut wie möglich zu tun. Deshalb ist es so wichtig, sich von der Vision wieder zu verabschieden, nachdem man sie ins Unterbewußte versenkt hat. Am besten gelingt das, wenn man zu der Vision, die man sich intensiv vorgestellt hat, einfach danke sagt. Anschließend erledigt man das, was an dem Tag erforderlich ist. Denn das Leben findet *jetzt* statt.

Tue das, was du tust, so gut du es heute kannst

Diesen Anti-Frustrations-Spruch sollten Sie sich merken! Oft verlieren wir die Motivation, weil wir das Gefühl haben, wir kommen nicht schnell genug von der Stelle. Es schadet nichts, ein bißchen mehr Geduld mit sich selbst zu haben. Um mit einem befriedigten Gefühl einzuschlafen, genügt die Gewißheit, an diesem Tag das Beste getan zu haben, was möglich war. Das kann weniger sein als gestern, aber mehr als vorgestern.

Viele verwechseln Mut mit Leichtsinn. Es ist leichtsinnig, sich zu überfordern. Und wer mit der Verwirklichung seiner Vision bereits dort anfängt, wo er gern hinmöchte, und nicht da, wo er ist, wird eine Bauchlandung erleben.

Stellen Sie sich jemanden vor, der gerade angefangen hat, Italienisch zu lernen. Seine Vision könnte sein, einmal in Italien zu leben. In seiner Vision sieht er sich in seinem Haus am Meer, umgeben von seinen italienischen Freunden, mit denen er wie ein Einheimischer plaudert. So weit, so gut.

Nun hört er, daß für eine Veranstaltung ein Dolmetscher gebraucht wird. Er meldet sich freiwillig. Mit seinen paar Brocken Italienisch endet die Dolmetscherei natürlich katastrophal. Er hat sich überschätzt, denn er hat seine Vision mit der Realität verwechselt, sich einer Illusion hingegeben. Um so etwas zu verhindern, ist es wichtig, daß die Vision aus dem Unterbewußten wirkt, statt das bewußte Denken zu vernebeln. Wer 24 Stunden am Tag seine Vision vor Augen hätte, wäre nichts weiter als ein Tagträumer. Und damit würde sich jeder auf eine Katastrophe programmieren. Wie der extrem schüchterne Typ, der gestern noch einen Schweißausbruch erlitt, wenn er jemanden um eine Auskunft bitten mußte, und der heute vor einem großen Auditorium eine Rede halten will. Das kann zwar seine Vision sein, aber eine Vision verwirklicht sich besser in kleinen Schritten. Denn erfolgreich bewältigte kleine Schritte machen automatisch Mut für den nächsten.

Doch gleichgültig, was Ihre Vision ist: *Mut läßt sich trainieren.*

Machen Sie sich zum Beispiel eine Liste, mit all den Dingen, die Ihnen peinlich sind, und verteilen Sie Prozente. Eine geringe Zahl bekommen die Dinge, die Ihnen nur wenig peinlich sind. Die höchste geben Sie der Tat, von der Sie noch überzeugt sind, daß Sie sie *nie* wagen würden. – Es sollten übrigens Dinge sein, die Sie immer schon mal gern gemacht hätten, sich aber nie zugetraut haben. Folgendes könnte auf Ihrer Liste stehen:

- sich für einen Tag in einem Luxushotel einmieten und die Dame von Welt spielen
- einen fremden Mann ansprechen, der Ihnen sympathisch ist
- in ein Pornokino gehen
- sich einmal ganz verrückt anziehen
- endlich einmal »nein« sagen, wenn ein bestimmter Mensch Sie schon wieder um einen Gefallen bittet
- in einem edlen Restaurant Cola zum Essen bestellen

Vielleicht haben Sie viel originellere Ideen, vielleicht noch harmlosere. Genieren Sie sich nicht, auch noch die einfachsten Gelüste auf Ihre Liste zu schreiben. Wenn sie Ihnen etwas wert sind, dann ist das das einzige Kriterium. Ich habe neulich von einer Frau gehört, die sich danach gesehnt hat, einmal so richtig locker zu sein und im Sommer, mitten in der Stadt, Schuhe und Strümpfe auszuziehen und die Füße in einen Brunnen baumeln zu lassen. Für viele mag das kein Problem sein. Aber jeder hat seine persönlichen Ängste.

Die meisten Ängste haben wir davor, abgewiesen zu werden. Bevor Sie sagen »Bei mir doch nicht!«, »Mir ist es doch egal, was die Leute sagen!«, gehen Sie bitte auf die Straße, hüpfen bei jedem zehnten Schritt in die Höhe und rufen dabei »Kuckuck«. Wenn Sie das noch als leicht ansehen, darf man Ihnen gratulieren. Aber werden Sie nicht hochmütig! Auch für Sie gibt es einige Übungen, die Sie noch mutiger machen. Wie wäre es zum Beispiel damit: Sie nehmen sich vor, in erlauchtem Kreis absichtlich falsches Deutsch zu sprechen. Oder Sie gehen zum Metzger und verlangen mit extrem hoher, verstellter Stimme »50 Gramm Gehacktes«. Lassen Sie Ihre Phantasie spielen! Auch dem Wagemutigsten fallen Situationen ein, die ihm peinlich sind. Doch veranstalten Sie solche Extremübungen nicht ausgerechnet in Ihrer Firma.

Normalerweise drücken wir uns vor Situationen, die uns Angst machen. Eine Bekannte meinte neulich, sie müsse bald die Stadt wechseln. In jeder Kneipe, die sie früher regelmäßig besuchte, könnte sie jetzt ihren ehemaligen Freund treffen. Und das wäre ihr schrecklich peinlich. Aus Angst davor, daß eine Begegnung alte, ungute Gefühle in ihr wachrufen könnte, wird ihr Leben immer enger. Wahrscheinlich verliefe ein zufälliges Treffen gar nicht so katastrophal, wie sie sich das vorstellt. *Doch jedes Ausweichverhalten erhöht die Angst.* Deshalb ist es so wichtig, seine Ängste zu kennen und sich mit ihnen auseinanderzusetzen. Selbst-bewußt ist nicht der, der seine Ängste leugnet und abschwächt, sondern der, der sie erkennt und überwindet: Ein Gefühl, in das man ganz hineingeht, verschwindet von selbst. – Doch erinnern Sie sich daran, daß »Liebe« in erster Linie kein Gefühl, sondern eine Entscheidung ist! Und Sie haben die Wahl, sich jeden Tag aufs neue für einen Menschen zu entscheiden.

Nicht nur das Überwinden von Angst macht uns selbstbewußter, auch das Durchbrechen eingeschliffener Gewohnheiten. Rückwärts eine Treppe hochzugehen, seinen morgendlichen Rhythmus zu ändern, mal einen anderen Weg zur Arbeit zu fahren, in einem anderen Geschäft einzukaufen, all das scheint auf den ersten Blick banal zu sein. Und doch wird uns die Veränderung wacher machen. Wir erkennen wieder, daß nicht alles immer »der ewig gleiche Trott« sein muß, daß wir die Möglichkeit haben, Dinge zu verändern und die Vielfältigkeit des Lebens zu genießen. Und das macht neugierig auf mehr.

Wer sich verpflichtet, kriegt Selbstvertrauen

Ohne das Selbstvertrauen, daß man etwas schaffen kann, wird sich kein Mensch zu seinem Glück überwinden können. Doch sich selbst zu vertrauen läßt sich lernen. Selbstvertrauen ist immer dann garantiert, wenn man seine Vereinbarungen mit sich selbst einhält. Dabei ist es nebensächlich, wie sie aussehen. Nehmen Sie sich zum Beispiel vor, jeden Tag fünfzehn Minuten spazierenzugehen. Oder Ihren Zigarettenkonsum auf zehn am Tag einzuschränken. Gleichgültig wie läppisch Ihnen Ihre Vereinbarung erscheinen mag: Halten Sie sie ein, *als ob es um Ihr Leben ginge.*

Tatsächlich geht es auch um Ihr Leben. Ohne Selbstvertrauen paralysiert Sie die Angst vor der Achterbahn. Ohne Selbstvertrauen haben Sie keinen Mut zum Glück. Und wenn Sie die Vereinbarung mit sich selbst doch einmal nicht eingehalten haben, versinken Sie nicht in Selbstvorwürfen. Sprechen Sie folgendes Abendgebet: *Ich verzeihe mir und wünsche mir alles Gute. Und ich bleibe dran!*

Wichtig ist, daß Sie Ihre Vereinbarung nur mit sich selbst machen. Hören Sie damit auf, anderen etwas zu ver-sprechen. Damit handelt man sich nur Autoritätsprobleme ein. Wenn Sie mit sich selbst vereinbaren, pünktlich zu sein, dann tun Sie es für sich. Sonst besteht die Gefahr, daß Sie andere mit Ihrer Unpünktlichkeit bestrafen wollen. Sie sind ab jetzt pünktlich, weil *Sie* das wollen. Denn jeder tut, was er will.

In dem Sinne einer freiwilligen Vereinbarung mit sich selbst hat auch der indische Dichter und Philosoph Tagore († 1941) das Wort »Pflicht« gesehen, als er schrieb: »Ich schlief und träumte, das Leben sei Freude.

Ich erwachte und sah, das Leben war Pflicht. Ich handelte, und siehe, die Pflicht ist Freude!« Daß vielen Deutschen bei solchen Worten Kälteschauer über den Rücken laufen, liegt vor allem daran, daß die Nationalsozialisten die Botschaft »Arbeit macht frei« pervertierten, indem sie sie an den Eingängen zu Konzentrationslagern anbrachten. Trotzdem ist der Kern der Aussage richtig. Wer für ein bestimmtes Ziel, für eine Vision arbeitet, der befreit sich tatsächlich von dem biologischen Automatismus, auf jeden Fall Schmerz zu vermeiden; für denjenigen Menschen fällt Glück als Überwindungsprämie automatisch an.« Wenn du das Wort Glück begreifen willst, mußt du es als Lohn und nicht als Ziel verstehen«, sagt Antoine de Saint-Exupéry.

Wir sind nun am Ende dieses Buches. Wahrscheinlich haben Sie sich und andere an einigen Stellen wiedererkannt. Irgendeinen Jammersatz geben wir schließlich alle einmal von uns. Vielleicht denken Sie jetzt: Die hat gut reden! Als wenn in Wirklichkeit alles so einfach wäre, wie es sich liest! Ich möchte Sie deshalb noch einmal darauf hinweisen, daß Ihr Leben zunächst nicht einfacher wird, wenn Sie sich dazu entschließen sollten, alte Jammerbeiträge gegen neue Gedanken und Visionen auszutauschen.

Aber Sie müssen sich ja auch nicht dazu entschließen. Vielleicht haben Sie beim Lesen festgestellt, daß Sie die Vorteile der Jammersätze weiter genießen wollen. Trotzdem hat sich allein dadurch etwas verändert: Wenn Sie sich bewußt für bestimmte Beiträge entscheiden, jammern Sie nicht mehr automatisch. Sie haben eine Wahl getroffen und sind sich Ihrer Entscheidung bewußt. Sie sind zwangsläufig selbst-bewußter geworden. Und wenn Sie sich entschließen sollten, ab und zu doch noch zu jammern, so werden Sie es von nun an mit einem Gefühl Ihrer Stärke tun. Weil *Sie* das Jammer-Spiel in Gang setzen und genau wissen, was Sie dafür kassieren.

Sollten Sie jemandem begegnen, der auch irgendeines der in diesem Buch beschriebenen Spiele spielt, zwinkern Sie ihm zu. Wenn er zurückzwinkert, dann wissen Sie, Sie haben jemanden getroffen, der genauso selbstbewußt ist wie Sie. Er weiß genau, daß er nicht ohnmächtig ist, sondern sich für ein bestimmtes Spiel entschieden hat. Oder vielleicht hat ihn nur die Macht der Gewohnheit mal wieder gepackt. Indem Sie ihm zuzwinkern, machen Sie sich und den anderen zum Zeugen seiner Gedanken. Sie geben ihm die Chance, sich wieder daran zu erinnern, daß er der Macher und nicht das Opfer seiner Beiträge ist. Vergessen Sie auch nicht, sich selbst zuzuzwinkern, wenn Sie mal wieder im Ohnmachts-Speicher zappeln.

Wer nicht zurückzwinkert, dem könnten Sie dieses Buch schenken, wenn Sie möchten. Der hält sich nämlich selbst noch für ein Opfer. Er könnte eine Hauptrolle in dem Film spielen »Denn sie wissen nicht, was sie tun«. Auch in diesem Klassiker mit James Dean ging es um Leute, die keine Verantwortung für ihr Leben übernehmen wollten und die dadurch auf die Katastrophe zusteuerten.

Wer die »*Philosophie des Zwinkerns*« kennt, wie Jens Corssen seine Psycho-Logik nennt, der weiß:

Jeder Mensch hat an jedem Tag in seinem Leben die Chance, sich für sein Glück zu entscheiden.